Sarmaten
Ein vergessenes Volk formte halb Europa vor 1500 Jahren

Band 1

Reinhard Schmoeckel

Sarmaten: Unbekannte Väter Europas

Ein neuer Blick auf die Frühgeschichte unseres Kontinents

Die Deutsche Bibliothek verzeichnet diese Publikation in der Deutschen Nationalbibliographie; detaillierte bibliographische Angaben sind im Internet über

http://dnb.ddb.de

abrufbar.

Printed in Germany,
Herstellung und Verlag: BoD - Books on Demand, Norderstedt
ISBN: 9783837029666
Zu beziehen über jede Buchhandlung

Inhalt

Vorwort

Eine neue Idee für das Verständnis der lange zurückliegenden Geschichte unseres Heimatlandes Deutschland hat es schwer, sich durchzusetzen: S a r m a t e n sollen „die Väter Europas" sein ? Wer sind denn nur diese völlig unbekannten Sarmaten und was haben sie mit Deutschland zu tun ? Wir Deutschen sind doch Germanen - - davon ist man seit eh und je überzeugt.

Aus welchen Völkern ist unser heutiges deutsches Volk im Lauf seiner langen Entwicklung entstanden ? Diese Frage können wohl nur „Laien" stellen; sie ist auch selten ein Thema akademischer historischer Forschung. So ist auch die Frage, ob und wie weit Germanen, Kelten, Slawen, „Welsche" und manche andere „Völker" einst zur Entstehung des heutigen deutschen Volkes beitrugen, nur gelegentlich gestellt worden, und wenn, dann oft in einer höchst einseitigen Weise.

Wozu auch: es steht doch seit mindestens 2000 Jahren fest, dass „die Deutschen" ursprünglich Germanen sind ! Doch ist durchaus fraglich, ob die antiken Berichte wirklich nur G e r m a n e n meinten, wenn sie wie Caesar und Tacitus von den Einwohnern der „barbarischen Länder" jenseits von Rhein und Donau erzählten oder später von den Zügen und Eroberungen der Goten, Vandalen, Burgunder, Franken oder Langobarden, die damals die alte Welt des römischern Imperiums umgestalteten.

Sicher ist aber, dass alle deutschen Historiker schon seit der frühen Neuzeit überzeugt waren, es habe sich bei allen diesen Völkern um Germanen gehandelt. Und die mussten die Vorfahren der Deutschen sein. Nicht umsonst nannte man zu Anfang des 19. Jahrhunderts alle einstigen germanischen Völker in Mitteleuropa „die alten Teutschen".

Die Germanen-Begeisterung während der Zeit des Hitler-Reiches trug dazu bei, diese Überzeugung zu festigen; sie hat sie aber keineswegs erst erzeugt.

1

Heute ist man da vorsichtiger. Ja, im Gegenteil nehmen im 21. Jahrhundert akademische Historiker den „Völkernamen" G e r - m a n e n am liebsten nicht mehr in den Mund.

Aber S a r m a t e n stattdessen ? Das wäre eine ganz falsche Antwort. Denn diese Sarmaten, um die es in diesem Band geht, waren keineswegs die e i n z i g e n, die ihre Gene in die Menschen einbrachten, die h e u t e das deutsche Volk bilden.

Die oben schon genannten Kelten, Slawen, Balten, „Welschen" und andere trugen ebenso dazu bei, und natürlich nicht zuletzt die Germanen. Von denen haben wir heutigen Deutschen auf jeden Fall weitgehend die S p r a c h e geerbt.

In neuester Zeit – das müssen wir uns klar machen ! - haben auch Türken, Polen, Italiener, Syrer und zahlreiche andere Immigranten ihre Gene in „uns Deutschen" hinterlassen – aber das ist eine Frage für die Z e i t geschichte, nicht für die Geschichte vor a n d e r t h a l b J a h r t a u s e n d e n, um die es in diesem Buch und in den Bänden der gesamten Buchreihe geht.

Wer waren nun also die S a r m a t e n, die vor etwa 1500 Jahren so wichtig für unser Land, ja für große Teile unseres Kontinents Europa wurden, wie der Autor behauptet ? Das soll in diesem Buch, aber auch in den folgenden Bänden dieser Buchreihe, näher erläutert werden.

Im Jahr 1999 hat eine populärwissenschaftliche Zeitschrift aus der Schweiz [1] erstmals geschrieben, die „Franken" unter König Chlodwig seien Sarmaten gewesen, allerdings noch ohne die vielen inzwischen vom Autor zusammen getragenen Argumente.

Ein in Frankreich lebender ukrainischer Autor hat vor wenigen Jahren nach langer Forschungspause wieder einen umfassenden Überblick über das historische Auftreten der Sarmaten erstellt, jedoch ohne auf die Rolle dieses Volkes im Frühmittelalter ein-

---

[1] Museion 2000, Ausgabe 1/1999, S. 6 – 20, Autor Urs **Guggenbühl**

zugehen, genau die Zeit, in der dieses Volk verschwand und dabei gleichzeitig zu Gründervätern vieler neuer Völker wurde [2]. Vor allem gerade d i e s e r Periode sind jedoch das vorliegende Buch und die anderen Bände dieser Buchreihe gewidmet.

Historiker von europäischen Universitäten werden von diesen Forschungen keine Kenntnis nehmen. Denn sie wurden ja von einem „Außenseiter" angestellt, der es noch dazu gewagt hat, nicht nur alte Schriftquellen heranzuziehen, sondern Indizien aus der Archäologie, der Sprachwissenschaft, der Ethnologie, der Volkskunde, der Religionswissenschaft und anderen Forschungsbereichen. Diese Forschungen muss man als „ordentlicher Historiker" doch den Kollegen der jeweils anderen Wissenschaft überlassen !

Doch wie in einem Gerichtsprozess tragen erst die „Beweise" aus all diesen verschiedenen Forschungsbereichen zur Erkenntnis der Wahrheit bei.

Dieser erste Band der Buchreihe beschreibt die Herkunft, das Wesen und die historische Entwicklung des Volkes der Sarmaten allgemein. Die folgenden Bände gehen dann ausführlicher darauf ein, wie adlige Anführer der Sarmaten im Frühmittelalter die späteren Volksstämme der Westfalen, Sachsen, Thüringer und Schwaben formten.

Reinhard Schmoeckel

---

[2] Jaroslaw **Lebedynsky,** Les Sarmates – Amazones et lanciers cuirassés entre Oural et Danube VIIe siècle avant J. C. –et VI. e siècle apres J.C.,, Edition Errance, Saint-Germain-du-Puy (Frankreich), 2002, ISBN 2-87772-235-X

3

I.

Die Vorväter

1. Die indoeuropäischen Wurzeln

Das Volk, mit dem sich dieses Buch beschäftigt, ist nur zu verstehen, wenn man seinen Ursprung kennt, den aus dem „arischen" Ast der indoeuropäischen Sprachenfamilie.

Dieser Ursprung reicht mindestens 10 000 Jahre zurück, und er verliert sich irgendwo in den unendlichen Weiten der Steppen Innerasiens nördlich des Pamir, des Hindukusch, des Himalaya und der anderen Hochgebirge dort.

Die „Familie" der indoeuropäischen Sprachen ist vielleicht nicht die älteste auf dem großen Doppelkontinent Europa-Asien (Eurasien), aber sie ist die zuerst entdeckte. Bereits seit dem Ende des 18. Jahrhunderts hatten Sprachforscher aus verschiedenen Ländern herausgefunden, dass fast alle Sprachen in Europa und viele in Asien, vor allem Indien, miteinander verwandt sind und dass sie sich einst aus einer noch relativ einheitlichen Bevölkerung heraus in verschiedene Äste und Zweige entwickelt hat. Denn jede Sprache verändert sich zwangsläufig im Laufe der Zeit und wird den Ursprüngen fremder, aber eben nicht ganz fremd.

Der Ort der Entstehung des „Urkerns" dieser Sprachfamilie war lange umstritten. Doch scheint es heute fast sicher, dass er eben in diesem Steppengebiet zwischen Schwarzem Meer und dem südlichen Innerasien lag.

Vor mehr als 40 Jahren hat sich der Autor dieses Buches schon einmal intensiv mit dem Auftauchen der ersten Völker mit indoeuropäischen Sprachen aus dem Dunkel der Vorgeschichte im westlichen Asien und Europa beschäftigt [3]. Er hat darin diesen Teil der Vorgeschichte der Europäer – wenigstens fast aller heutigen Europäer – in einer auch für Laien verständlichen Form beschrieben. Die neuere Literatur grundsätzlicher Art zur Entstehung der indoeuropäischen Sprachen und ihrer Weiterentwicklung [4] aus dem „offiziellen" Bereich der Linguistik hat allerdings von diesem Buch keine Kenntnis genommen, weil es ja nicht von einem Professor der Sprachwissenschaft stammt.

Sicher ist inzwischen, dass alle frühen Völker dieser Sprachfamilie zum europiden Rassenkreis gehörten, der sich in mehreren zehntausend Jahren der Isolation von den modernen Menschen (homo sapiens) anderer Rassenkreise (mongolide, negride) abgespalten hat (zwischen 60 000 und 10 000 v. Chr. ?). Dabei erwarben alle diese „Europiden" ihre typischen Kennzeichen (helle Haut, Haar und Augen), die sich vielfach bis heute als Erbgut

---

[3] **Schmoeckel,** Reinhard: *Die Hirten, die die Welt veränderten – Der vorgeschichtliche Aufbruch der indoeuropäischen Völker.* Rowohlt Verlag Reinbek b. Hamburg 1982.– Das Buch ist unter dem Titel *„Die Indoeuropäer"* in überarbeiteter und ergänzter Form im Verlag Bastei-Lübbe, Bergisch Gladbach 1999, erschienen, seitdem mehrere Auflagen.

[4] Hier können nur einige wenige herausragende Werke angeführt werden, die im Einzelnen aus sehr verschiedener Sicht und durchaus kontrovers neue Thesen vertreten, u.a. **Meyer-Brügger,** Michael / **Krahe,** Hans: *Indogermanische Sprachwissenschaft,* Walter des Gruyter Berlin 2002. – **Hamel,** Elisabeth, *Das Werden der Völker in Europa,* Tenea Verlag Berlin 2007. - **Cavalli-Sforza,** Luigi Luca, *Völker und Sprachen - Die biologischen Grundlagen unserer Zivilisation. d*tv München 2001. – **Day,** John V., *Indo-European origins – The Anthropological Evidence. Washington D.C. 2001.* - **Gamkrelidse,** Thomas W.,/ **Iwanow,** Wjatscheslaw: *Die Frühgeschichte der indoeuropäischen Sprachen.* In: Spektrum der Wissenschaft Dossier *Die Evolution der Sprachen,* Heidelberg 2000. – **Gimbutas,** Marija: *The Kurgan Culture and the Indo-Europaeization of Europa. Selected Articles from 1952 to 1993.* Washington D.C. 1997. – **Mallory,** James P., *In Search of the Indo-Europeans – Language, Archeology and Myth.* London 1997. – **Renfrew,** Colin, *Die Indoeuropäer – aus archäologischer Sicht.* In: Spektrum der Wissenschaft Dossier *Die Evolution der Sprachen,* Heidelberg 2000.

6

erhalten haben, also auch die Menschengruppen, die später indoeuropäische Sprachen benutzen [5].

Ab dem 5. Jahrtausend v o r der Zeitenwende zogen Menschengruppen mit frühen Formen solcher Sprachen in verschiedenen Ausbreitungswellen nach Westen. Die Forscherin Marija Gimbutas hat sie „Kurgan-Kulturen" genannt [6]. „Kurgan" heißen heute noch im Russischen die großen Grabhügel, unter denen die Menschen damals dort ihre verstorbenen Anführer beisetzten.

Die kleinen Gruppen aus dieser „Kurgan-Kultur" überlagerten in Europa mit der Zeit die dort längst lebenden Menschengruppen anderer sprachlicher und kultureller Ausrichtung, und sie brachten sie dazu, ihre eigene Sprache zu benutzen. Aus diesen Mischungen entstanden später die aus der Geschichte bekannten Völker der Hethiter, der Griechen, der Kelten, der Römer, der Germanen und andere.

Mittelasien muss damals, nach dem Ende der Eiszeit, weitaus fruchtbarer gewesen sein als später und im Vergleich zu vielen anderen Weltgegenden jener Epoche eine größere Bevölkerungszahl ernährt haben. Von dort aus brachen zu Beginn des 2. Jahrtausends vor Chr. (?) Gruppen mit indoeuropäischer Sprache über die Pässe der Gebirge Hindukusch und Pamir nach Süden auf und begannen den indischen Subkontinent zu besiedeln, die späteren „arischen Inder".

Die in Mittelasien zurückgebliebenen Menschengruppen werden von der Archäologie nach ihren Grabformen „Katakombengrab-Kultur" und später „Holzkammergrab-Kultur" genannt, von der Sprachwissenschaft nach ihrer Sprache „irano-arisch". Die letztere Bezeichnung soll den Unterschied zum „Indo-Arischen" der späteren Inder betonen, doch dürften beide Sprachfamilien sich immer ähnlicher gewesen sein, je weiter man in der Zeit zu-

---

[5] Hierzu ausführlich **Day,** John (s. Anm. 5)
[6] **Gimbutas,** Marija, s. Anm. 5

rückgeht. Diese noch gemeinsame Sprachform heißt wissenschaftlich „arisch". Das Wort stammte aus der einst gemeinsamen Sprache dieser „östlichen Indoeuropäer" und bedeutete wohl „die Reinen" oder aber „die Fremden" [7]. Es hat nichts mit Menschenrassen zu tun, sondern ist ein rein sprachwissenschaftlicher Begriff.

Die zeitweilige Einteilung der Deutschen in „Arier" und „Nicht-Arier" während der Herrschaft Hitlers war nicht nur ein entsetzlicher Verstoß gegen alle Menschenrechte, sondern auch eine wissenschaftlich völlig unsinnige Theorie.

Zu der „irano-arischen" Sprachgruppe zählt man die Idiome der antiken Meder und Perser, das Avestische (eine mittelasiatische „Kirchensprache" der Zoroastrier aus der Mitte des 1. Jahrtausends v. Chr.), aber auch die praktisch kaum bekannten Sprachen der Völker der Kimmerier, der Skythen und der S a r m a t e n in den Jahrhunderten vor und nach der Zeitwende. H e u t e benutzen ca. 150 Millionen Menschen Sprachen aus dieser Gruppe, vor allem im Iran, in Kurdistan, Afghanistan und Pakistan.

Es ist bedauerlich, dass sich an der Erforschung der Frühzeit dieser indoeuropäischen Sprachfamilie fast ausschließlich Linguisten beteiligen, ganz wenige Archäologen und mit L. Cavalli-Sforza inzwischen auch Humangenetiker, aber keine Historiker oder Literaturhistoriker. [8] Dabei würden gerade solche Fachleute, wenn sie auf Frühzeiten der Völker wie Inder, Griechen, Perser, Kelten, Römer, Germanen, Balten oder Slawen spezialisiert sind, unschwer feststellen können, wie eng diese Völker nicht nur sprachlich verwandt waren, sondern auch, wie ähnliche Prägungen sie etwa in ihren kulturellen Verhältnissen aufwiesen, je weiter zurück, desto auffallender.

---

[7] dazu u.a. ein Briefwechsel zwischen dem deutschen Philologen Paul **Thieme** und G. **Dumézil** in Journal Asiatique Tome CCXLVI (1958), S. 67-84)
[8] siehe Anm.5

Diese fachübergreifende Sichtweise wird in diesem Buch ein überraschend plastisches Bild des zu Unrecht so vergessenen Volkes der Sarmaten zeichnen können.

Ebenfalls in den Weiten Innerasiens, aber tausende von Kilometern von der „Wiege" der Menschen mit indoeuropäischen Sprachen entfernt, entstand damals in langer Isolation noch eine zweite Menschengruppe mit einer erheblich anderen „Ur-Sprache". Das waren die Ahnen der späteren Hunnen, Awaren, Türken und Mongolen, aber auch der Finnen und der Ungarn. Ihre „Sprachfamilie" heißt heute bei den Fachgelehrten „Ural-Altaisch" nach den Gebirgen, in deren Nähe die „Wiege" dieser Menschen einst stand. Auch hier haben sich die Einzelsprachen im Laufe der Zeit stark auseinander entwickelt. Aber eine frühe Gemeinsamkeit ist noch durchaus zu erkennen.

Wie bei den Indoeuropäern sollte es mehrere tausend Jahre dauern, bis sich einzelne Völker daraus lösten und nach Westen ins „gelobte Land" Europa aufbrachen, fast immer auf dem Pferderücken. Als erobernde und plündernde Reitervölker haben Hunnen, Awaren, Ungarn (Magyaren),Türken und Mongolen – jeweils im Abstand von zwei oder drei Jahrhunderten nacheinander – Angst und Schrecken in Europa verbreitet. Ihre kulturelle Prägung muss in der langen Isolation in Innerasien völlig anders verlaufen zu sein, als bei den frühen Indoeuropäern.

Wer in einem solchen Volk aus „ural-altaischer" Sprachwurzel den Weg auf den Königsthron gefunden hatte, der wollte nicht nur das eigene Volk beherrschen, sondern a l l e Nachbarvölker. Und das eigene Volk, genauer die Krieger auf ihren schnellen Pferden, halfen mit ständigen Kriegszügen, diesen „Weltherrschaftsanspruch" der Könige durchzusetzen. Ihre Mittel dazu waren Eroberung, Plünderung, Mord. Daher hat man diese Völker bis heute nicht vergessen.

Die Sarmaten aus indoeuropäischer Wurzel, die es anders machten, hat man dagegen nie beachtet und daher vergessen.

2. Wandlungen zwischen Karpaten und Altai

Südlich der unermesslichen Wälder Nordasiens bot das offene Steppenland Platz für das Sesshaftwerden der dortigen Menschen, für Ackerbau und Kleinviehzucht. Dies sind die Merkmale des Wandels menschlicher Kulturen von der Altsteinzeit (Paläolithikum) und von den Jägern und Sammlern zur Jungsteinzeit (Neolithikum).

Die Menschengruppen mit irano-arischen Sprachen, die hier seit langer Zeit lebten, haben diese Entwicklung bereits recht früh mitgemacht. Selbst wenn es nicht inzwischen längst auch archäologische Nachweise hierfür gäbe, könnten Fachleute für die frühe indoeuropäische Sprache das aus den Indizien der „linguistischen Paläontologie" erschließen.

Man hat mit dieser Methode Worte und Wortgruppen in den verschiedenen indoeuropäischen Sprachen gesucht, die sich in Wortlaut und Bedeutung so ähnlich waren, dass ihre ersten Nutzer sicherlich noch eng benachbart lebten oder zu e i n e m Volk gehörten [9]. So hat man bereits für die frühesten Menschen, die „ur-indoeuropäisch" [10] sprachen, gefolgert, dass sie ansässige Bauern und Kleintierzüchter gewesen sein mussten, die feste Häuser aus Holz und Dörfer kannten, einfache Getreidesorten, wenn auch noch nicht den Pflug, und dass sie Rinder und Schafe züchteten und das gezähmte Pferd kannten.

Die Region der heutigen Ukraine und der Kasachensteppe lag weit entfernt von den frühen Stadtkulturen im Zweistromland, am Nil und am Indus, dennoch dürfte sie nicht völlig isoliert davon gewesen sein. So drang das Wissen um die Verarbeitung von Metallen – zuerst Kupfer, später Bronze und noch später Eisen –

---

[9] Siehe z. B. **Schmoeckel,** Reinhard, *Die Indoeuropäer,* s. Anm. 3, .S.56 ff.
[10] z.B. J. P. **Mallory** , D. Q. **Adams**: *The Oxford Introduction to Proto-Indo-European and the Proto-Indo-European world 2006, 731 S.*

aus Kleinasien und dem Kaukasus, den vermutlich frühesten Zentren dieser neuen Technologie, auch bis ins Innere Asiens.

Die Menschen der „Katakombengrab-", der „Holzkammer-grab-" und der „Andronowo-Kultur" – so klassifizieren russische Archäologen die Menschengruppen des südlichen Innerasiens im zweiten und ersten v o r christlichen Jahrtausend – machten auch die Entwicklung von der Jungsteinzeit zur Bronzezeit mit, sicher nicht als erste in Eurasien, aber keineswegs als die letzten.

Vor wenigen Jahren erst wurde am Südostrand des Uralgebir-ges eine Stadt entdeckt, die dort im 2. Jahrtausend für einige hundert Jahre geblüht haben muss, mit einem Königspalast (?), Handwerkersiedlungen und anderen Zeichen fortgeschrittener Kultur, die nur von Menschen mit „irano-arischer" Sprache besiedelt gewesen sein kann. Dann verschwand sie wieder spurlos aus Gründen, die man bis jetzt nicht kennt [11].

Gerade den Menschen in der südrussischen oder kasachischen Steppe sind in dieser Epoche zwei Erfindungen zu verdanken, die für die Weltgeschichte wegweisend werden sollten. Dort wurde erstmals auf der Erde und schon sehr früh das einheimische Wild-p f e r d gezähmt und den Menschen nutzbar gemacht. Ob es zunächst nur als Fleischlieferant diente, ist nicht ganz klar. Und wahrscheinlich hier wurde das R a d und bald wohl auch das Prinzip des mit Rädern versehenen W a g e n s erfunden.

Nach einiger Zeit jedenfalls wurden Pferde als Z u g t i e r e für Wagen verwendet. Vor allem die sogenannten Streitwagen waren leichte Gestelle mit zwei Rädern auf einer Achse, gezogen meist von zwei Pferden. Ein sehr frühes Modell davon wurde östlich des Uralgebirges ausgegraben. Wenn mehrere oder viele solcher Wagen, je mit einem Lenker und einem Speerwerfer oder Pfeilschützen besetzt, auf feindliche Krieger zu Fuß zurasten, war

---

[11] Fernseh-Dokumentation des Senders Phönix, Januar 2010

fast immer der Sieg dem Volk mit der modernen Technologie sicher.

Sehr bald verbreitete sich die Kenntnis dieser „Panzerwaffe der Bronzezeit" bis in die Hochkulturen in Mesopotamien oder Ägypten. Kaum ein Krieg zwischen Städten oder Völkern während der Bronzezeit in Europa oder Asien war dann noch ohne den Einsatz dieser „ritterlichen" Waffe denkbar. Doch merkwürdigerweise wurden diese Pferde damals noch nicht geritten, jedenfalls nicht in der Regel.

3. Reale und „sagenhafte" Völkernamen

Namen von Völkern sind für die Zeit, die zuletzt kurz behandelt wurde – im Wesentlichen das 2. Jahrtausend v o r Chr. – nicht zu erwarten. Die Menschengruppen jener frühen Zeit haben sich zwar sicher selbst Namen gegeben, doch V ö l k e r im Sinne der Geschichtswissenschaft waren sie noch nicht.

Dazu bedarf es schon einer größeren Menschenzahl, einer einheitlichen Herrschaft und des Eindrucks der Nachbarn, dass „diese Menschen" sich erheblich vom eigenen Volk unterschieden und auch so als „Andere" genannt werden müssten. Denn fast immer stellen sich Völkernamen als ursprüngliche Bezeichnungen durch N a c h b a r n heraus. Außerdem gab es im weiten Umkreis der jungsteinzeitlichen und bronzezeitlichen Kulturen des ukrainisch-südrussisch-kasachischen Steppengürtels zu dieser Zeit keine Kultur mit einer ausgebildeten Schrift und Literatur, in der sie hätten erwähnt werden können.

Höchst seltsam ist jedoch, dass in uralten mündlichen Überlieferungen („Sagen"?) von Menschengruppen, die in diesem Buch oder in weiteren Bänden der Reihe als S a r m a t e n identifiziert werden, alte Völker- und Personennamen aus dem ersten oder gar zweiten v o r christlichen Jahrtausend auftauchen, die bei genauer Betrachtung durchaus reale Hintergründe gehabt haben können. Bisher hat die Fachwissenschaft diese Namen für so unglaubwürdig gehalten, dass sie es versäumt hat, näher darüber nachzudenken.

Eine Gruppe solcher Namen hängt mit dem Stichwort „Troja" zusammen. Für die „Franken" und ihre merowingischen Könige ist wohl eine Geschichte erfunden worden, wonach die Vorfahren dieser Leute einst aus der von Griechen eroberten Stadt Troja geflüchtet seien.

Nach den langjährigen Forschungen des Autors zur Königsdynastie der Merowinger dürfte heute feststehen, dass auch sie sarmatischer Abstammung war. Der Band **6** dieser Reihe **Die Ahnen der Merowinger und ihr „fränkischer" König Chlodwig** beschreibt die zahlreichen Indizien, die zu dieser Überzeugung führen.

Bemerkenswert ist jedoch, dass die Indizien, die für die sarmatische Abstammung dieser merowingischen Könige sprechen, wenigstens teilweise auch für die Herrschaften zutreffen, die a n d e r e sarmatische Adlige in einzelnen Gebieten des heutigen Deutschland errichtet haben.

Das gilt vor allem für die Vorfahren des „sächsischen" Herzogs Widukind, dem ein eigenes Buch in dieser Reihe gewidmet ist: **„Widukinds Geheimnis - War der Sachsenherzog gar kein Germane ?".** Dort ist genauer erklärt, was wohl die sarmatischen Vorfahren Widukinds mit dem Königsnamen „Alexander" verband.

Die so genannte „fränkischen Wandersage" – sie spielt für die Vorgeschichte der Merowinger-Dynastie eine wichtige Rolle und wird in dem erwähnten Buch näher erläutert – nennt noch andere Völkernamen, die wiederum auch in Erinnerungen innerhalb der Widukind-Familie auftauchen.

In der Ilias des Homer stehen einige Verse, die wahrscheinlich in diesem Zusammenhang von Interesse sind. Da legt nämlich der Dichter dem trojanischen König Priamos eine Erzählung in den Mund: Einst, in seiner Jugend, habe er als Verbündeter der *„pfer-detummelnden Phryger gegen das Heer amazonischer Männin-nen"* gekämpft [12]. Hier wird ganz offensichtlich auf die Frühzeit der S a r m a t e n angespielt, in der ja Frauen („Amazonen") gleichberechtigt mit Männern kämpften (siehe in diesem Band S. 48 ff.) Der Dichter Homer muss im 8. Jahrhundert v o r Chr. wenigstens die entsprechenden Sagen gekannt haben[13].

Die hier erwähnten Phryger waren ein anderes Volk mit in-doeuropäischer Sprache, das von ca. 800 – 700 v. Chr. ein mäch-tiges Reich im Inneren der kleinasiatischen Halbinsel begründet hatte. Doch z u v o r , also v o r seiner Auswanderung nach Anatolien, muss es Wohnsitze irgendwo im Nordteil der Balkan-Halbinsel gehabt haben, in der Nachbarschaft der Makedonen, wie Herodot berichtete [14], völlig korrekt übrigens, wie Sprach-wissenschaftler und Archäologen im 20. Jahrhundert nachweisen konnten. Phryger und Makedonen kannten schon sehr früh das Pferd als Reittier, während für die frühesten Griechen ein Reiter auf einem Pferd so unheimlich war, dass sie die Fabelwesen der Zentauren (Pferd mit Männerkörper und -kopf) daraus machten.

Die so genannte „Fränkische Wandersage", wie sie ein Mönch Fredegar im 7. Jahrhundert n a c h Chr. aufgeschrieben hat, be-richtet nun, die Vorfahren der Frankenkönige hätten sich nach ihrer „Flucht aus Troja" von den „Frigiern" (Phrygern ?) getrennt und seien nach Europa gezogen, während „andere" nach Make-donien gezogen seien. .

---

[12] Ilias, III. Gesang, Verse 189 ff.

[13] J. **Lebedynsky**, *Les Amazones: Mythe et réalité des femmes guerrières chez les anciens nomade de la steppe,* Errance, 2009, S. 14, behauptet, schon vor den direkten Kontakten zwischen Griechen und Skythen hätten die Grie-chen Informationen über diese Kriegerinnen gehabt.

[14] **Herodot**, *Historien*, Buch 7, Kap. 73

14

Die berühmten Makedonen waren, bevor sie von König Alexander dem Großen zu Herren der halben damals bekannten Welt gemacht wurden, die nördlichen Nachbarn der Griechen und fühlten sich ihnen irgendwie verwandt. Wahrscheinlich benutzten sie eine dem Griechischen ähnliche Sprache. Sehr bald übernahmen sie auch die griechische „Hochsprache" und deren Kultur. Doch über die Wohnsitze dieser Makedonen und ihre geschichtlichen Erlebnisse lange v o r Alexander weiß man praktisch nichts. Es ist nur sicher, dass die Vorfahren irgendwo in der Osthälfte der Balkanhalbinsel und vielleicht noch weiter nördlich gelebt haben müssen, dort, woher auch die Phryger kamen.

Die Sachsen – genauer gesagt, die adlige, von Sarmaten abstammende Führungsschicht dieses frühmittelalterlichen „Neu-Stammes" (siehe den Band **„Widukinds Geheimnis"**) – behaupteten von sich, sie seien Nachkommen des (makedonischen) Heeres des Königs Alexander. Dieser Name war ihnen sogar so wichtig, dass der christlich gewordene Enkel des Herzogs Widukind eigens die Leiche eines „heiligen Alexander" aus Rom nach Wildeshausen zur Verehrung durch seine Landsleute holte. Alles das wird in dem erwähnten Band ausführlicher dargestellt.

Doch der Name Alexander taucht schon fast tausend Jahre vor dem berühmten König im Raum der Ägäis auf. In den Ruinen der hethtitischen Hauptstadt Hattuscha in Kleinasien wurde vor einigen Jahren eine Tonscherbe aus der zweiten Hälfte des 2. vorchristlichen Jahrtausends mit Worten in hethitischer Sprache gefunden, auf der der Name „Aleksandru von Wilusa" eingeritzt war [15]. Archäologen nehmen heute an, dass dieser Mann so etwas wie ein Stadtkönig von (W-)Ilium (= Ilion in der Ilias des Homer = Troja) unter hethitischer Oberherrschaft gewesen sein dürfte. In der Ilias heißt übrigens der sonst in der griechischen Sage als Paris bekannte trojanische Prinz, der mit seinem Urteilsspruch angeblich den zehnjährigen Krieg um Troja auslöste, Alexander !

---

[15] **Wikipedia** (2009) zum Namen Alexander

Alle diese verstreuten Völker- und Personennamen reichen natürlich nicht aus, um eine „Geschichte der nördlichen Nachbarn der Griechen im Altertum" zu schreiben. Doch sie zeigen, dass in der Region am Schwarzen Meer damals Menschen lebten, die offenbar enger untereinander verwandt waren als man bisher glaubte. Auch die Vorfahren des Volkes müssen dazu gehört haben, das die Griechen später, als sie engeren Kontakt mit ihnen hatten, S a u r o m a t e n nannten.

Das Erstaunlichste aber ist, dass Erinnerungen an diese so lange zurückliegende Zeit im Gedächtnis der schriftlosen „Barbaren" noch anderthalb Jahrtausende später bewahrt worden sind, so zerrissen und unverstanden die Einzelheiten auch geworden waren. Das ist genauso lange her, wie die Zeit, die uns Heutige von der der Sarmaten trennt, die in diesem Buch lebendig gemacht werden sollen.

4. Aus Viehhirten werden Reiter

Im ewig gleich bleibenden Leben der Bauern und Kleinviehhirten in den Steppengebieten zwischen Karpaten und Altai trat plötzlich, innerhalb eines Jahrhunderts, eine geradezu dramatische Veränderung ein. Bisher ist unklar, welche Ursachen dieser Wandel hatte.

Hatte sich das Klima verändert? War das Beispiel weit entfernter Stämme so ansteckend, dass sich die neue Lebensform wie ein Sturmwind über alle Menschen verbreitete, die im Steppengürtel lebten? Oder waren es Angriffe fremder Völker weit von Osten her gewesen, die die Menschen zur Aufgabe ihrer festen Wohnsitze zwangen und sie von nun an in einer Art Kettenreaktion veranlassten, „das Glück der Erde auf dem Rücken ihrer Pferde" zu suchen? Wirkten alle drei oder sogar noch mehr Anlässe zusammen?

Fest steht jedenfalls, dass im 8. Jahrhundert v. Chr. die meisten festen Wohnsitze im Gebiet nördlich des Schwarzen Meeres aufgegeben wurden, ja, dass dort sogar vorübergehend angeblich eine weitgehende Menschenleere eintrat. Doch das ist natürlich ein Fehlurteil von Archäologen, die aus dieser Zeit keine Häuser mehr in dem fraglichen Gebiet finden konnten. Kein Wunder, denn die Wohnstätten von nomadisierenden Hirten kann niemand ausgraben, weil sie nur aus leicht beweglichen Zelten bestanden.

„Die Stämme gingen von der Weidewirtschaft zur nomadischen Viehzucht über", schrieb der russische Archäologe Grjasnow, der sich viel mit diesem Phänomen beschäftigt hat. Eine innere Bereitschaft, die Sesshaftigkeit der bäuerlichen Viehzüchter aufzugeben und ihre Pferde nunmehr ausschließlich zum R e i t e n zu benutzen, scheint bei diesen Völkern mit irano-arischen Sprachen latent vorhanden gewesen zu sein.

Dies erweiterte schlagartig mit der größeren Reichweite der Pferde die Weidefläche, gestattete den Erwerb größerer Herden, gleich ob auf friedliche oder kriegerische Weise, und veränderte zugleich das Bewusstsein dieser Völker. Reiter zu sein, auf edlem Ross hoch über dem Boden blitzschnell riesige Entfernungen zurücklegen zu können – das war für die Männer, Krieger und bisherigen Hirten etwas grundsätzlich anderes als das Leben eines dem Erdboden verhafteten Bauern, das war etwas Vornehmes, Ritterliches, Kämpferisches.

Ganz ähnlich wandelten sich die Prärieindianer in Nordamerika im 18. und 19. Jahrhundert aus friedlichen Jägern und Ackerbauern zu berittenen todesmutigen Kriegern, als sie die den Spaniern in Mexiko entlaufenen verwilderten Pferde, die Mustangs, gefangen und gezähmt hatten [16].

---

[16] **Schmoeckel**, R., Die Indoeuropäer (s. Anm.3), S. 277

Ganz sicher werden jedoch nicht a l l e Menschen im Steppengebiet plötzlich Reiterhirten geworden sein, sondern es wird überall weiter ansässige Bauern gegeben haben, wenn es auch wohl viel weniger waren als einst. Nomadische Hirten kommen nicht ganz ohne die Erzeugnisse des Bodens aus, die von den Bauern hervorgebracht werden, und die Bauern konnten die Überschüsse der Rinder- und Schafherden gegen Getreide und Gemüse tauschen. Beide Seiten hatten großen Nutzen von dieser friedlichen Zusammenarbeit.

Allerdings scheinen die neuerdings Reiterkrieger gewordenen Viehzüchter immer erst einige Jahrzehnte gebraucht zu haben, ehe sie diesen Nutzen einsahen. Alle als solche Reiternomaden bekannten Völker hatten offenbar zu Beginn eine Phase, in der sie sich mit Gewalt nahmen, was sie brauchten. Das galt für die Völker aus indoeuropäischer Wurzel, die in mehreren Wellen über Jahrhunderte verteilt von Osten nach Westen drängten. Das galt erst recht später auch für die Völker aus anderen Kulturen und Sprachen, die ihnen folgten, die Hunnen, die Awaren und die Ungarn.

Das erste Volk, dessen Name als das eines solchen Reitervolks genannt wurde, waren die K i m m e r i e r. Herodot berichtet vom Auszug eines Teils dieser Leute nach Süden, über den Kaukasus hinaus. Allerdings waren dem „Vater der Geschichte" die Hintergründe seiner Erzählung keineswegs klar, die von Vorgängen berichtete, die sich mehr als zweihundert Jahre vor seiner Lebenszeit ereignet haben dürften. Kimmerische Reiterhorden machten jedenfalls vor und nach dem Jahr 700 v. Chr. weite Teile Kleinasiens und Irans durch ihre Plünderzüge unsicher. Dann verschwand dieser Völkername ebenso plötzlich wieder, wie er aufgetaucht war. Nur dem Kundigen verrät der Name der Halbinsel Krim im Schwarzen Meer, dass dort wahrscheinlich die letzten Reste dieses Volkes Zuflucht gefunden hatten. Sie scheinen die „Urgroßväter" der Sarmaten gewesen zu sein, um die es in diesem Buch geht.

Das nächste Volk, dessen Krieger vom Pferderücken aus die Steppen nördlich des Schwarzen Meeres beherrschten, waren die S k y t h e n. Vermutlich haben sie vom Osten her, aus der Kasachensteppe, die Kimmerier bedrängt und verdrängt. Sicher waren sie den Kimmeriern sprachlich, ethnisch und kulturell eng verwandt, was sie nicht hinderte, sie zu bekämpfen und zu berauben. Diese Skythen waren Zeitgenossen und Nachbarn der Griechen, die sich in zahlreichen Kolonien auch am Nordrand des Schwarzen Meeres angesiedelt hatten. Daher weiß die Nachwelt viel mehr über dieses Volk, obwohl es keine eigene Schrift und keine Literatur kannte.

Nach einer Periode kriegerischer Feldzüge solcher skythischer Reiter nach Vorderasien (im späten 6. Jahrhundert v. Chr.) wurden die Stämme dieses Volkes Herren der Steppen am Nordrand des Schwarzen Meeres. Doch wenig später waren auch skythische Streifscharen auf dem Weg nach Westen. In Böhmen, Schlesien, der Mark Brandenburg, ja bis nach Frankreich hat man sogenannte „skythische Streufunde" aus dem 5. Jh. entdeckt. Doch angesiedelt haben sich die Skythen dort nicht. Die griechischen Geographen nannten das ganze riesige Gebiet zwischen Schwarzem Meer und Ostsee, zwischen Wolga und Donau „Skythia".

Wie alle Reitervölker aus der Steppe waren die Skythen zumindest in ihrer Frühzeit ein ruheloses, räuberisches Nomadenvolk; ihre naive Besitzgier richtete sich auf Viehherden und Beutegut. Die erworbenen Reichtümer wollten sie auf ihren Pferden bei sich tragen können, darum war goldener und silberner Schmuck bei ihnen so beliebt. Die Schmuckstücke der Skythen – man weiß nicht sicher, ob sie von kunstfertigen Goldschmieden aus dem eigenen Volk oder von den benachbarten Griechen geschaffen wurden – füllen ganze Museen.

Mit der Zeit legte sich der Drang der Skythen, die Nachbarn zu überfallen und auszuplündern. Sie wurden friedlicher und sesshaft, soweit man bei berittenen Viehhirten von „Sesshaftigkeit" sprechen kann, und trieben einige Jahrhunderte lang mit ihren griechischen Nachbarn am Schwarzen Meer lebhaften Handel. Skythisches Getreide, von den Bauern unter skythischer Herrschaft erzeugt, skythische Pelze und Sklaven für Athen und andere Griechenstädte, griechischer Wein, Kunsthandwerker und Gold nach Skythien – das waren die wichtigsten Handelswaren.

Doch da begann schon für die Skythen der Abwehrkampf gegen Feinde aus dem Osten. Neue Reiterkrieger drangen aus dem Gebiet zwischen Wolga und Don in ihren Lebensraum ein, verwandt in Abstammung, Sprache und Kultur, nur viel kampflustiger und „zurückgeblieben" in ihren Ansprüchen an eine „feinere Lebensart". Es waren die S a r m a t e n. Diesem Volk sollte für die nächsten Jahrhunderte die Herrschaft über die Steppen zwischen Don und Donau zufallen.

II.

Die Sarmaten:
Gesellschaft, Religion, Lebensweise

1. Die Herren der Steppe im Blick der kultivierten Nachbarn und der modernen Wissenschaft

Seit etwa 500 v. Chr. kann man gelegentlich bei griechischen Autoren etwas von „Sauromaten" lesen, die in den Steppen nördlich des Schwarzen Meeres sich Kämpfe mit den Skythen lieferten. Diese Sauromaten – später wurden sie Sarmaten genannt – waren ein Volk, das offenbar aus den Ebenen östlich der Wolga nach Westen drängte und sich dort festsetzen wollte, wo vorher seine ethnischen, sprachlichen und kulturellen Verwandten, eben die Skythen, ihre Herrschaft ausgeübt hatten. In den nächsten Jahrhunderten waren es dann die Sarmaten, die zwischen Karpaten und Wolga ihre Herden weiden ließen und sie vom Pferderücken aus bewachten [17].

Antike Schriftsteller waren an diesem Volk offenbar nicht besonders interessiert. Nur der „Vater der Geschichte" Herodot widmet ihm, vor allem aber seinen Vorgängern, den Skythen, ein ganzes Buch seiner Historien", das 4.

---

[17] Die wichtigste neuere Literatur zu den Sarmaten allgemein: **Sulimirski,** T. *The Sarmatians,* London 1970.- **Brzezinski,** Richard / **Mielczarek,** M. / **Embledon,** G.: *The Sarmatians 600 BC – 450 AD,* London 1975. – **Lebedynsky,** Jaroslaw., *Les Sarmates- Amazones et lanciers cuirassés entre Oural et Danube VIIe siècle avant J.-C. – VIe siècle apr. J.-C.,* St. Germain du-Puy (Frankreich) 2002.- **Eggers,** *Sarmaten (sprachwissenschaftlich)* : Stichwort in *Realenzyklopädie der germanischen Altertumswissenschaft,* Bd. 26, Sp. 504 ff., Berlin 2004. – **Wikipedia.** *Stichwort Sarmaten* (2010)

Über die Sarmaten n a c h Herodots Zeit wissen wir heute aus alten Schriftquellen weitaus weniger als über ihre Zeitgenossen, die damaligen germanischen Völker. Für die Germanen Mitteleuropas kennen wir heute wenigstens das berühmte Werk des Tacitus, „Germania".

Der Völkername „Sarmaten" (in der Frühzeit hieß er „Sauromaten") ist wohl nie ein Wort gewesen, das ein Angehöriger dieses Volkes für sich selbst benutzte - vermutlich genau wie bei den Germanen jener Zeit. Der Indogermanist Dumézil hält das Wort für eine iranische („irano-arische") Form des Begriffs, den Herodot für diese Sarmaten verwendet: „Mela-chlainen" = „Träger von schwarzen Wollmänteln" [18]. Zur Bedeutung dieser seltsamen Bezeichnung in diesem Buch S. 50 ff.

Die adligen Reiterkrieger aus den Steppen zwischen Donau und Don selbst werden sich vermutlich als Jazygen oder Roxolanen bezeichnet haben oder wie sonst die verschiedenen Stämme des Volkes hießen (siehe dazu S. 46).

Das Volk der Sarmaten war den antiken Schriftstellern recht uninteressant. Denn diese Sarmaten waren ein ungebildetes – nämlich schriftloses – Volk von Hirten, die nichts anderes im Kopf zu haben schienen als ihre Rinder- und Schafsherden. Auch wenn sie wahrscheinlich gegen Stämme des eigenen Volkes oder Fremde, die ihnen in die Quere kamen, kräftig zu kämpfen wussten, machten jedenfalls keine schaurigen Legenden über Plünderungen und Mordorgien in Städten und Dörfern des römischen Reiches durch diese Sarmaten die Runde bei der einfachen Bevölkerung,. Das ist schon ein bemerkenswerter Gegensatz zu den Hunnen, denen ja der abschreckende Ruf als „Geißeln Gottes" bis heute anhaftet, 1500 Jahre später.

Was für die griechischen Historiker und Geografen die Skythen waren, das bedeuteten spätestens seit der Zeitenwende, während

---

[18]   **Dumézil**, George, *Roman de Scythie et d'alentour*, Payot 1978, S. 329

des ganzen römischen Kaiserreichs, die Sarmaten. Römische Geografen benannten ganz Osteuropa mit dem Sammelbegriff „Sarmatia". Allerdings ist sehr verwirrend, dass viele Autoren der Antike und auch des Mittelalters zwischen beiden Völkern überhaupt keinen Unterschied sahen und beide nur zu häufig mit dem alten Namen Skythen bezeichneten.

Doch waren diese Sarmaten keineswegs das einzige Volk, das dort Fuß gefasst hatte. Denn auch die germanischen Goten kamen ja von Norden her in die Steppengebiete, allerdings viel später als die Sarmaten.

Vermutlich war es so , dass sich die Goten, deren Hauptbevölkerungsanteil ansässige Bauern waren, in den fruchtbaren Regionen der westlichen Ukraine und der angrenzenden Balkanhabinsel, dem heutigen Moldawien und der Walachei, niedergelassen hatten („Schwarzerde"), während die Sarmaten ihre Rinder- und Pferdeherden mehr im Nordosten, dem mehr steppenartigen Gebiet der heutigen Ukraine, grasen ließen. So konnten sich die beiden Völker, obwohl benachbart, durchaus aus dem Wege gehen, ohne sich um Grund und Boden zu streiten.

Die Geschichtswissenschaft hat jedenfalls keine Kenntnis von größeren oder gar länger anhaltenden Kämpfen zwischen diesen Völkern, die sich vermutlich in der langen Zeit der Nachbarschaft im gleichen Lebensraum immer ähnlicher wurden. Denn die adlige Kriegerschicht der Goten lernte vom Reitervolk der Sarmaten schnell den Gebrauch der Pferde und wurde so schon früh zu „Rittern", auch in der Denkweise.

In der sogenannten Tschernjachow-Kultur – so wird die jüngste archäologisch fassbare Kultur v o r dem Einfall der Hunnen im Gebiet der Westukraine und Rumänien benannt – lassen sich germanische (gotische oder herulische) und sarmatische Gräber praktisch nicht unterscheiden [19]. Im Übrigen ist es nun einmal so, dass man aus archäologischen Überresten eines Volkes nur wenig auf seine Gebräuche und geistigen Einstellungen schließen kann, soweit es keine schriftlichen Zeugnisse dafür gibt. Und das war bei den Sarmaten nun einmal nicht der Fall.

Es ist verständlich, dass sich d e u t s c h e Historiker vorrangig mit den g e r m a n i s c h e n Goten in der Spätantike und im Frühmittelalter im Gebiet nördlich des Schwarzen Meeres beschäftigten, und nicht mit den Sarmaten in ihrer Nachbarschaft. So ist es zu erklären, dass unter den wissenschaftlichen Veröffentlichungen der letzten Jahrzehnte (siehe Anm. 17) keine deutschen, sondern nur polnische oder ukrainische und englische Autoren zu finden sind.

Der „Altmeister" der Gotenforschung, der österreichische Professor Herwig Wolfram, hinterlässt mit seinem Standardwerk über dieses Volk [20] bei deutschen Benutzern seiner Forschungen den Eindruck, zur Völkerwanderungszeit habe es nördlich des Schwarzen Meeres nur die germanischen Goten und nicht die vermutlich viel zahlreicheren Sarmaten gegeben.

2. Licht ins Dunkel bringen zwei versteckte Völkerreste

Dennoch lassen sich durchaus überraschende Einblicke in das Wesen und die geistigen Einstellungen der alten Sarmaten finden, die weder durch archäologische Funde noch durch Schriftquellen nachweisbar sind. Denn es gibt gewissermaßen „Reste" dieses Volkes, die an versteckten Stellen der Erde bis heute überlebt

---

[19] **Ionitsa, I.**, *Sarmaten (archäologisch)* : in Realenzyklopädie der germ. Altertumskunde (RGA), Bd. 26, S. 504
[20] Herwig **Wolfram**, Die Goten, 5. Aufl. München 2009

haben, selbst nach zwei Jahrtausenden nur relativ wenig verändert.

Eines dieser „Rest-Völker" ist das der O s s e t e n im Kaukasus. Von ihm weiß man, dass es sich dabei um Abkömmlinge des sarmatischen Stammes oder Teilvolkes der Alanen handelt. Ein kleiner Teil davon rettete sich auf der Flucht vor den plündernden Hunnen in abgelegene Täler des Kaukasus-Gebirges, nicht weit von der Ostküste des Schwarzen Meeres. Die Menschen sind dort seit 1500 Jahren ansässig und haben viel von der Sprache und den gesellschaftlichen Formen des alten großen Volkes irano-arischer Prägung bis in die Neuzeit getragen. Allerdings sind sie auch selbst dabei „Kaukasier" geworden.

Andere Teile der sarmatischen Alanen haben, wie man weiß, als Verbündete der germanischen Vandalen in der Völkerwanderungszeit deren abenteuerlichen Weg über mehrere Jahrhunderte über Südspanien und Nordafrika bis nach Tunesien mitgemacht, bis zur blutigen Auslöschung dieser Herrschaft durch Ostrom um das Jahr 550 n. Chr.

Die Alanen-Gruppe im Kaukasus, jetzt Osseten genannt, benutzt noch heute einen Dialekt der „iranisch-arischen" Sprache, und auch manche alten Bräuche sind dort noch bekannt. Immerhin sind es noch etwa 500 000 Menschen mit dieser Sprache.

Allerdings hat die gut 200 Jahre dauernde Beherrschung durch Russland auch vieles Alte ausgelöscht. Immerhin haben die wenigen Forscher, die sich bisher für die Sarmaten interessiert haben, dort manche interessante genetische und Verhaltens-Forschungen anstellen können. Einige der später in diesem Buch erwähnten besonderen Eigenarten der Sarmaten hat man aus diesen Forschungen bei den Osseten erschließen können.

Eine andere, winzig klein gewordene Volksgruppe hat dagegen 5000 Kilometer weiter südöstlich erstaunlich viel von der Kultur und den Eigenschaften der Sarmaten bewahrt. Es sind nur noch rund 2000 Menschen, die im äußersten Norden Indiens im Himalaja, am Oberlauf des Indus, in einigen Tälern in 3000 Metern über dem Meer leben. Sie nennen sich M i n a r o .

Dieses Völkchen ist erst in allerjüngster Zeit intensiver von Ethnologen erforscht worden [21]. Aber gerade das macht die Erkenntnisse von Wissenschaftlern auf dem modernsten wissenschaftlichen Stand besonders interessant.

Unberührt von den Veränderungen, die die Zeit und die von ihnen überschichteten Völker fremder Herkunft bei den verschiedenen anderen Gruppen mit „arischen" Sprachen hervorriefen, scheinen die Minaro in ihrer abgeschiedenen Bergwelt Traditionen und Einstellungen konserviert zu haben, die überall sonst längst verloren gegangen sind. Äußerlich bieten diese Menschen heute noch ein völlig europäisches Bild mit heller Haut und hellen Augen, rings umgeben von Völkern tibetisch-mongolischer Herkunft und deren typischen Gesichtsformen.

Eine Besonderheit dieses Völkchens ist, dass es heute noch in zwei hierarchische Klassen zerfällt, die Ruscen und die Ruzmet, zwischen denen Eheschließungen nicht erlaubt sind. Ein Mann, der dieses Tabu übertritt, darf sein Elternhaus nicht mehr betreten, das gilt sogar für drei weitere Generationen !

Die längst aus anderen Anzeichen geschlossene scharfe Trennung der S a r m a t e n in eine Adelsschicht und eine „Unterschicht", zwischen denen Heiraten nicht erlaubt waren, wird durch diese ethnologische Parallele eines verwandten Volkes eindrucksvoll belegt. Bei den Sarmaten, die ja sprachlich Verwandte der alten Perser waren, hießen diese Adligen „schah" oder

---

[21] Ein informativer Bericht wurde erst im Jahr 2009 in der Zeitschrift EPOC, Magazin für Archäologie und Geschichte, Heidelberg, veröffentlicht: **Van Ham,** Peter : *Dah-Hanu – letzte Zuflucht der Indoarier.* EPOC 6/2009, S. 42 ff. Es handelt sich offensichtlich um einen Auszug aus dem Buch des Verfassers Peter van Ham: *Indiens Tibet – Tibet Indiens,* München 2009. Aus dem Aufsatz stammen die folgenden Zitate über die Minaro.

„schech" [22]. Das bedeutete nicht ursprünglich „König", wie man aus dem „Schach"-Spiel geschlossen hat, sondern viel allgemeiner eben „Adliger" (siehe dazu mehr in diesem Buch S. 56 f.).

Auch die bei den Minaro noch im 21. Jahrhundert beobachtete Aufteilung der Berufsstände in Priester, Bauern und Handwerker muss es bei den Sarmaten in ähnlicher Form gegeben haben. Nur waren hier sicher, bedingt durch die völlig andere Landschaft und Lebensweise, Priester von Reiterkriegern/Hirten und diese von Bauern/Handwerkern getrennt. Es lässt sich denken, dass die beiden ersten Berufsstände ausschließlich in der oberen hierarchischen Klasse vertreten waren. Möglicherweise gab es Reiterkrieger, die mit den berittenen Hirten identisch waren, auch in der unteren Hierarchiestufe.

Innerhalb der Familien der Minaro wird Besitz über die männliche Linie weitergegeben, doch haben auch die Frauen ein hohes Ansehen. Der älteste Sohn ist in jeder Generation der Inhaber des Besitzes und der Verantwortliche für die Weitergabe der Familientradition.

Offenbar war es genauso einst bei den Sarmaten. Das „salische Erbgesetz", wonach jeweils der älteste Sohn eines Fürsten oder Königs das Erbe antreten muss, könnte sich von dort herleiten. Die Merowingerkönige, die einst für ihre Familie dieses Gesetz einführten, kamen zwar nach der bisherigen Annahme der Geschichtswissenschaft aus dem germanischen Volk der salischen Franken, aber sie waren in Wahrheit sarmatischer Herkunft. Genaueres darüber ist im Band **6 Die Ahnen der Merowinger und ihr „fränkischer" König Chlodwig** zu finden.

Doch ein anderes Prinzip schließt bei den Minaros – und offenbar genauso bei den alten Sarmaten ! - die so streng geteilt erscheinenden Menschen wieder zu Einheiten quer durch die Stände zusammen. Das waren offenbar kultisch-religiös bestimmte

---

[22] So J. **Lebedynsky**, (s. Anm. 3), S. 150

Schwurgemeinschaften; bei den Minaro heißen sie heute „pha-spun". Krieger aus der unteren Kaste, Bauern und Handwerker schwören – stets für sich und ihre Familien – einem Adligen lebenslange Gefolgschaft und Treue, im Krieg und im Frieden Doch der adlige Partner dieser Schwurgemeinschaft hat – und hatte wohl auch bei den Sarmaten ! – strenge Verpflichtungen gegenüber seinen Schwurgenossen. Bei Unfällen, Krankheiten oder anderen Problemen musste er ihnen helfen und für sie sorgen.

Soweit man etwas von der sarmatischen Geschichte weiß, scheinen die Adligen dieses Volkes diese Verpflichtungen sehr ernst genommen zu haben. Vermutlich schwor auch ein solcher Adliger einem Übergeordneten – dem Befehlshaber im Krieg, einem Fürsten oder König – einen ähnlichen Eid, so dass ein mehrstufiges Abhängigkeitsverhältnis entstand.

In einer ähnlichen Form waren solche Bindungen zwischen „oben" und „unten" auch bei den Römern zur Zeit ihrer Republik bekannt. Hier musste ein „Optimat" etwa seinen Klienten aus der Unterschicht in einem Gerichtsprozess zur Seite stehen oder für ihn die Steuer bezahlen, wenn der Klient das nicht konnte. Allerdings hat sich im römischen Kaiserreich diese Verpflichtung, die vermutlich aus uralten Zeiten einer Gemeinsamkeit der indoeuropäischen Kultur stammte, sehr bald verloren.

Auch die Gefolgschaften germanischer und wahrscheinlich auch keltischer Anführer oder Könige entsprangen sicher dem gleichen Grundgedanken und dürften ähnliche Bedeutung gehabt haben, so dass germanischer, keltischer und sarmatischer Brauch vielleicht gemeinsam im Lehnswesen mündete, das ja ähnlich aufgebaut war und sich im Mittelalter in ganz Europa verbreitete.

3. Die Religion aus Mittelasien

Über die Religion der Sarmaten ist nur wenig bekannt [23]. Nicht einmal den Namen eines Gottes kennt man. Ein Vergleich mit dem in jüngster Zeit näher erforschten Glauben der Minaro ist nicht angebracht, denn bei diesen scheint sich unter der Decke eines widerwillig angenommenen Buddhismus ein uralter v o r - indoeuropäischer Feenglaube über Jahrtausende erhalten zu haben.

Die Herkunft der Sarmaten aus Mittelasien v o r der Mitte des letzten vorchristlichen Jahrtausends lässt jedoch vermuten, dass ihre Religion von dem dort und zu dieser Zeit wirkenden Religionsstifter Zarathustra (Zoroaster) beeinflusst war, der eine frühe Form von Monotheismus verkündet hatte [24]. Während der etwa gleichzeitig in Indien von Buddha geschaffene Buddhismus im Grunde die Weltflucht predigt, forderte Zardoscht (so der persische Name des Mannes) ein tatkräftiges, rechtschaffenes Leben und die freiwillige Entscheidung zwischen dem Guten und dem Bösen.

Allerdings ist es auch möglich, dass die Sarmaten aus Mittelasien eine noch ältere Form des Schamanismus und des magischen Denkens sowie eine Verehrung des Feuers mitgebracht haben, die dort v o r den Predigten Zarathustras unter den Völkern mit irano-arischen Sprachen verbreitet war.

Zwei Aspekte der heute noch praktizierten Religion der Minaro können aber wahrscheinlich als wichtige Parallele für die religiöse Vorstellungswelt der Sarmaten herangezogen werden. Das sind die strenge Unterscheidung von „rein" und „unrein" sowie die wichtige Rolle des Feuers dabei.

---

[23]   G. **Dumézil,,** *Roman de Scytie et d'alentour*, 1978, liefert einige Informationen, hauptsächlich über die Religion der Osseten.
[24]   Siehe dazu **Schmoeckel,** R. *Die Indoeuropäer* (s. Anm. 3), S. 320 ff.

Für die Minaro als Bewohner des Hochgebirges gilt die Berghöhe als Verkörperung der Reinheit, das tiefe Tal als „unrein". Dasselbe gilt für Menschen: die Angehörigen der oberen Klasse, die Ruscen, sind wohl von sich aus reiner als die untere, Männer mehr als Frauen, doch kann ein Mensch durch eigenes Tun auch mehr Reinheit oder auch Unreinheit in sich aufnehmen. Die weibliche Menstruation und der Tod lässt nach dem Glauben der Minaro den Zustand der Unreinheit ohne eigenes Zutun entstehen. Dann ist eine rituelle Reinigung Pflicht, sie kann durch das Einatmen von Wacholder-Rauch bewirkt werden, „nicht reine" Tote müssen im „reinigenden heiligen" Feuer verbrannt werden.

Wendet man diese Parallelen auf die Sarmaten an, dann lassen sich eine Reihe plausibler Vermutungen äußern, die auch die Forschung weiterbringen würden, wenn die Historiker und Archäologen in Europa bereit wären, sie zu akzeptieren.

Die Angehörigen der sarmatischen Adelsklasse, die „Schah", vor allem die Männer, galten wohl selbst nach ihrem Tod als ausreichend rein, so dass ihre Körper im Normalfall unverbrannt bestattet werden konnten. Leichen der Angehörigen der unteren Klasse mussten jedoch verbrannt werden, um sie für ihren „Weg ins andere Leben" rein zu machen.

Nur die Adligen, vielleicht auch nur die Fürsten, erhielten zudem einen Grabhügel über dem Körpergrab, so wie das schon die Urahnen im Inneren Asiens vor tausend oder mehr Jahren getan hatten, die Skythen, die ja als kulturelle Vorgänger der Sarmaten betrachtet werden [25].

Dies könnte die für deutsche Archäologen bisher unverständliche Erscheinung plausibel erklären, warum auf zahlreichen Gräberfeldern von angeblichen Germanen des Frühmittelalters Kör-

---

[25] Über skythische Gräber in Südrussland bis nach Sibirien existiert eine umfangreiche archäologische Fachliteratur auch in deutscher Sprache, die hier aber nicht angeführt werden muss.

pergräber und Brandgräber bunt gemischt auftauchen und zudem häufig noch ein Pferd in nächster Nähe ein eigenes Grab erhielt. Denn für die Sarmaten als einem Reitervolk seit tausend Jahren müssen die Pferde, ihr wichtigster Besitz, als heilig und „rein" erschienen sein, vor allem die Hengste, und sie wurden daher einem angesehenen Toten aus der Adelsklasse als Götteropfer und „Hilfe zum Reinwerden" in einem eigenen Grab beigegeben.

Die zahlreichen Pferdegräber in Deutschland aus dem Frühmittelalter, die in einzelnen Regionen gehäuft gefunden wurden, in anderen Regionen dagegen überhaupt nicht, sind ein wichtiges Indiz für das Eindringen von Sarmaten in unser Land vor 1500 Jahren geworden. Dies wird in den Bänden 2 – 5 dieser Buchreihe genauer erklärt und belegt.

Überaus hoch muss die religiöse Bedeutung des Schwures für Sarmaten und andere Völker indoeuropäischer Prägung gewesen sein, wenigstens in alten Zeiten. Bei Sarmaten (und vielleicht auch bei einzelnen germanischen Stämmen in ihrer Nachbarschaft, wie den Quaden) scheint ein aus der Scheide gezogenes und in den Boden gestoßenes Schwert eine entscheidende Rolle bei solchen Schwüren gespielt zu haben. Nur dann hatte ein Schwur auch seine richtige Wirkung. Der spätantike Historiker Ammianus Marcellinus berichtet dies [26].

Ein Schwert in den Boden oder in einen Baum, einen Felsen gesteckt und nur von einer von den Göttern ausgezeichneten Person wieder herauszuziehen, ist auch ein sehr bezeichnendes Motiv in der angeblich keltischen Artussage aus Britannien. Dieses und andere Indizien deuten darauf hin, dass – wenn der frühmittelalterliche Held Artus nicht eine völlig erfundene Märchenfigur ist, sondern w e n n ein historischer Kern dahinter steckt – auch auf der Insel Britannien Sarmaten im Frühmittelalter viel mehr mit

---

[26]   **Ammianus Marcellinus** : Buch XVII, Kap. 12, 21 ; siehe auch G.. **Dumézil,** 1978, Kap. V : « *Attila et l'épée de Mars* », S. 78-83; bei den Skythen s. **Herodot,** *Historien* : 4, 62

der realen Geschichte zu tun hatten, als die Geschichtsforschung bisher zuzugeben bereit ist. Doch soll das in diesem Buch nicht näher untersucht werden.

Allerdings der Name dieses Schwertes in der Artussage, „Excalibur", führt die Forschung zu einem weiteren interessanten Aspekt aus der Geschichte der Sarmaten. Wörtlich übersetzt könnte das heißen: „Von den Kalyben".

Offenbar wurden nämlich alle (oder wenigstens viele) Züge der Sarmaten begleitet von kleinen Gruppen mit fremder Sprache, die wohl Kalyben genannt wurden. Nach einer plausiblen Forschungsansicht waren das Familien geschickter Eisenschmiede aus Kleinasien [27]. Dort, in der heutigen Türkei, war wohl schon sehr frühzeitig die Kunst der Eisenerzeugung und des Eisenschmiedens erfunden worden. Die Kalyben dürften sich freiwillig den Zügen der Sarmaten angeschlossen haben, weil sie dort stets Arbeit, Schutz und Verpflegung fanden.

Diese Theorie wird durch das griechische Wort „Chalyp" gestützt, das „Stahl" bedeutet. Und die griechische Sprache liefert einen weiteren interessanten Hinweis. Denn dort heißt „Kalybe" Hütte. Das Wort schien einmal die primitiven Holzkonstruktionen zu bezeichnen, in denen die Kalyben das Eisen schmiedeten und wohl zugleich wohnten - - und diese bemerkenswerte Doppelbedeutung hat auch heute noch das Wort „Hütte" im Deutschen !

Sicher gehörten diese Kalyben zur unteren „Kaste", doch war der Status dieser unentbehrlichen Spezialisten sicher nicht mit der untersten Kaste noch im heutigen Indien, den „Parias", vergleichbar. Daran zeigt sich, dass das „Kastendenken" der einstigen „Arier" – auch die aus Innerasien nach Süden ausgewanderten

---

[27] Xavier de **Planhol**, *Les Khalibes: nom de peuple ou qualificatif professionel ?* in Geographica Pontica I – II – Journal Asiatique, Tome CCLI, 1963, S. 305

alten Inder gehörten ja dazu – sich in den einzelnen Völkern dieser Gruppe sehr verschieden entwickelt hat.

4. Die sarmatische Kultur

Für Römer und Griechen waren Völker wie die Sarmaten selbstverständlich „Barbaren". Nicht nur benutzten sie nicht die Sprachen einer dieser beiden „kultivierten Völker", sondern sie passten vor allem nicht in die Vorstellungen von „fortgeschrittener Kultur".

Auch nach der Auffassung der modernen Geschichtswissenschaft waren die Sarmaten ein Volk auf einer viel niedrigeren Entwicklungsstufe als viele ihrer Zeitgenossen. Aber waren sie deshalb primitiv ? Waren die Germanen zur Römerzeit „primitiv", die ja auch nicht lesen und schreiben konnten ? Das würde wohl selbst heute, da in der Geschichtswissenschaft die einstige Germanen-Begeisterung eher nüchterner Zurückhaltung gewichen ist, niemand behaupten wollen.

Wie alle ihre Verwandten aus der Gruppe der alten Völker mit irano-arischen Sprachen haben die Sarmaten nie eine Schrift entwickelt, nicht einmal – wie die Perser – von Nachbarn übernommen. Daher kennt man ihre mündlichen Überlieferungen nicht, ihre vermutlich reichen Dichtungen.

Einen schwachen Abglanz davon findet man in den sogenannen „Narten-Dichtungen" im Kaukasus, geheimnisvollen Legenden oder Sagen [28]. Allerdings dürfte die Vermutung einiger wohl In-

---

[28] **Sikojev,** André: *Kinder der Sonne – Die Narten – das große Epos des Kaukasus* , München 2005; **Dumézil,** George *Mythos und Epos,* Frankfurt/M. 1989 **Dumézil,** George, *Romans de Scythie et d'alentour,* 1978, Payot. -

dogermanisten falsch sein, dass diese „Narten-Dichtungen" von den Osseten k o m m e n. Vielmehr sind es wohl u r s p ü n g-l i c h aus dem Kaukasus – oder richtiger aus Kleinasien – stammende in Gedichtform gekleidete Legenden. Die Osseten haben sie allerdings im Zuge ihrer langen Anpassung an das Leben in ihrer neuen Heimat auch bei sich aufgenommen [29].

Die Überbleibsel der sarmatischen Schmuckkunst scheinen nicht so reich zu sein wie die ihrer Vorgänger, der Skythen. Oder können die Archäologen, die solche Reste aus der Erde bergen, nur nicht genau erkennen, aus welcher Zeit der Anhänger oder die Schmuckfibel stammt, die sie in einem Grab fanden ? Auffallend ist auch, dass die Nachweise s a r m a t i s c h e r Fundstücke, die in den speziellen Büchern über dieses Volk (siehe Anm. 20) verzeichnet sind, ausschließlich Funde v o r der Zeitwende und die Gebiete nördlich des Schwarzen Meeres betreffen. So als ob es danach und weiter westlich in Europa keine Sarmaten mehr gegeben habe. D i e s e s Buch belegt, dass dem nicht so war.

Stutzig macht die lakonische Behauptung über einen möglichen Zusammenhang sarmatischen Kunstempfindens mit dem sogenannten „germanischen Tierstil"[30]: *„Die Kunst der Sarmaten im sog. Tierstil hatte starken Einfluss auf die Entwicklung der Kunst in der Völkerwanderungszeit."* Und passt ein anderer Lexikon-Eintrag über den „Germanischen Tierstil" [31] nicht geradezu erstaunlich genau zu den Zeiten, für die in diesem Buch das Auftreten von Sarmaten in Mitteleuropa nachgewiesen werden kann ? *„Der germanische Tierstil, der in einer völlig eigenständigen Ausprägung im frühen Mittelalter (spätes 5. Jh. n. Chr.) in*

Littleton, Scott, **Malcor,** Linda A.: *From Scythia to Camelot,* New York 2000 (u.a. nartische Ursprünge der Artus-Sage).

[29] I. **Gadjimuradov,** R. **Schmoeckel,** *Warum der Teufel nach Schwefel riecht – Ein Vulkanausbruch in Kleinasien in der Jungsteinzeit brachte „die Hölle" auf die Erde,* Bonn 2015.

[30] **SPIEGEL-Online** Themen , 2010

[31] **Brockhaus** *Enzyklopädie,* Bd. 22, Mannheim 1995, 18. Aufl.

Nord-, West- und Mitteleuropa verbreitet war und in Skandinavien und auf den britischen Inseln bis in hohe Mittelalter fortlebte, während er in Mitteleuropa um 700 erlosch…"

Mangels eigener fundierter kunsthistorischer Kenntnisse ist es dem Autor dieses Buches nicht möglich, die Vermutung näher zu unterbauen, es könnten sarmatische Adlige gewesen sein, die die bei ihnen beliebten Formen ihres Schmucks bei den Völkern einführten, zu deren Lenkern sie sich gemacht hatten. Doch die Verbreitung dieses angeblich „germanischen" Tierstils deckt sich auffällig mit der vermuteten Verbreitung sarmatischer Herrschaften in der Mitte und im Norden Europas (siehe hierzu die Seiten 86 – 101 in diesem Band sowie die Bände dieser Buchreihe 2, 3, 4 und 5).

Kunstexperten mögen angesichts der auf dieser und der nächsten Seite gezeigten Abbildungen uninteressiert mit der Schulter zucken: das sei doch bloß eine zufällige Ähnlichkeit in einem winzigen Detail; Völker, Kunststile und Zeiten seien hier so weit auseinander, dass ein künstlerischer Einfluss undenkbar sei.

Tatsächlich liegen die Entstehungsorte der beiden hier abgebildeten Gegenstände zweieinhalbtausend Kilometer voneinander entfernt, und anderthalb Jahrtausende trennen ihre Entstehungszeit. Aber zeigen die beiden Tierfiguren nicht geradezu eine unheimliche Ähnlichkeit ?

Die eine ist ein in Horn geschnitzter „Drachenkopf" auf einem Peitschengriff aus einem Sarmaten-(?)-Grab im Ural aus dem 6. Jh. v o r Christus [32].

---

[32]   J. **Lebedynsky**, *Les Sarmates* …, S. 200 (Abb.)

Die zweite ist ein Detail aus einer Ritzzeichnung auf dem „Ramsund-Felsen" in Mittelschweden, geschaffen in der ersten Hälfte des 10. Jahrhunderts n a c h Christus. Sie zeigt den Kopf eines Drachens (von insgesamt dreien), ein winziger Ausschnitt aus einem riesigen „Gemälde" eines schwedisch-wikingischen Künstlers, das „Sigurd" (Siegfried) in der Drachengrube" zeigen soll [33].

Sarmatischer Kunststil bei einem schwedischen Bauern-Künstler im 10. Jahrhundert ? Wem das völlig undenkbar erscheint, der lese auf S. 100 dieses Buches, was dort über den mutmaßlichen Einfluss von Sarmaten auf die Menschen in Skandinavien steht, und im Band „Widukinds Geheimnis", was wir heute vom germanischen Gott Wodan/Odin wissen.

5. Die Menschen und ihre Lebensweise

In den wenigen antiken Quellen, die etwas näher auf die Sarmaten eingehen, werden ihre Krieger als groß, mit struppigen Bärten und blonden Haaren beschrieben, die zahlreiche Tätowierungen auf ihrer Haut trugen. In ihrer äußeren Erscheinung mögen sie germanischen Kriegern gar nicht so unähnlich gewesen sein. Nur

---

[33] Wilhelm **Bleicher**, *Die Sigurd-Darstellung auf dem Ramsund-Felsen bei Eskilstuna (Södermanland, Schweden)*, in: DER BERNER *Nr.* 14 (2004), Mitteilungen des Thidrekssaga-Forums e.V , S. 23-36 (Abb. S. 24)

ihre Kampfart als Reiter und – wenigstens ursprünglich – Bogen-schützen unterschied sie von den Germanen, jedenfalls in der Frühzeit.

Die Sarmaten waren ein Reitervolk, darin sind sich alle antiken und modernen Betrachter einig. Was aber taten sie normalerwei-se, während sie auf ihren Pferden ritten oder auch, wenn sie das nicht taten ? Wovon ernährten sie sich, wie war ihre Lebenswei-se ?

Hunnen, Awaren und Ungarn (Magyaren), die „klassischen" Reitervölker aus dem Osten im frühen Mittelalter, tauchten zu-mindest in den ersten Jahrzehnten nach ihrem Einfall am Rand Mitteleuropas als Räuber und Plünderer auf. Außer Schmuck und anderen Kostbarkeiten, die man aber nicht essen kann, werden sie jeweils auch genug erbeutet haben, wovon Menschen und ihre Pferde leben konnten. Die moderne Forschung hat sich offenbar wenig Gedanken über die wirtschaftlichen Verhältnisse dieser Völker gemacht.

Die Sarmaten dürften in der ersten Zeit nach ihrem Einbruch ins Steppengebiet nördlich des Schwarzen Meeres ähnlich mit Raub und Plünderung über ihre skythischen Verwandten herge-fallen sein. Doch irgendwann waren dann alle Schätze entweder in sarmatischen Händen oder, wie so häufig in der damaligen Zeit, schnell auf der Flucht vor den Räubern vergraben und nicht wieder gefunden. Spätestens dann müssen auch die Sarmaten wieder zu ihrem „Hauptberuf" zurückgefunden haben, dem der berittenen Züchter von Rindern und Schafen.

Aus langer Erfahrung waren die Sarmaten sicher auch sehr er-folgreiche Pferdezüchter. Zu jeder Gruppe dieses Volkes gehörte daher wahrscheinlich eine große Pferdeherde halbwegs gezähm-ter Tiere, oft größer als die jeweilige Menschenzahl, aus der die Hirten mit ihren Lassos jeden Tag ein neues Pferd zum Reiten herausfangen konnten. Die Schnelligkeit und Reichweite der Pferde ermöglichte es, große Nutzvieh-Herden zu halten und sie daran zu hindern, sich beim Grasen zu weit zu zerstreuen. Die Rinderrasse war vermutlich recht klein, wie auch wahrscheinlich die Pferde.

Die Hunnen, die wohl irgendwann früher auch einmal ein solches Hirtenvolk – oder eher ein Jägervolk ? – gewesen sein dürften, hatten offensichtlich im Laufe der Zeit eine solche Perfektion in der Besiegung und Beherrschung fremder Völker entwickelt, dass diese dem hunnischen Kriegeradel alle Lebensmittel und sonstigen Bedarf liefern mussten. So konnten sich die „eigentlichen" Hunnen auf ihr Kriegshandwerk beschränken.

Die Lebensweise und Einstellung der Sarmaten, zumindest in den späteren Zeiten dieses Volkes, kann man wohl eher mit der der berühmten Cowboys im mittleren Westen der USA im 19. Jahrhundert vergleichen. Sie waren schnell mit der Waffe zur Hand, wenn sie oder ihr Vieh bedroht wurden, und sie waren durchaus kampferprobte und tapfere Krieger, wenn es sein musste. Aber sie waren keine blindwütigen Plünderer und größenwahnsinnige Eroberer. In ihrer Lebensweise glichen sie den Hunnen, aber sonst unterschieden sie sich erheblich von diesem Volk, stellte schon der Zeitgenosse der späten Sarmaten, der römische Historiker Ammianus Marcellinus im späten 4. Jahrhundert fest, eine der ganz wenigen antiken Beurteilungen dieses Volkes [34].

Jedenfalls scheint in der Antike der Volkscharakter der Sarmaten keineswegs als abschreckend und fürchterlich empfunden worden zu sein. Einen Beinamen wie die „Geißel Gottes" für den Hunnen Attila und sein Volk hätte man wohl keinem späten sarmatischen Fürsten oder König gegeben. Der Lohn dafür war, dass man sie sehr bald vergessen hat, während das Furcht einflößende Andenken der Hunnen bis heute lebendig geblieben ist.

---

[34] **Ammianus Marcellinus,** *Buch XXXI, Kap. 2, 3* . Er spricht allerdings speziell von den Alanen.

Diese kamen auch aus einem ganz anderen ethnischen und kulturellen Umfeld.

Hirten mit großen Rinder- und Schafsherden waren auf eine relativ friedliche Symbiose mit Bauern angewiesen, denn allein von Fleisch und tierischen Produkten kann man auf die Dauer nicht leben; man benötigte auch Erzeugnisse bäuerlicher Arbeit. Genauso konnten die Cowboys im Wilden Westen nicht ohne den Speck und die Bohnen, den Schießbedarf und die Kleidung auskommen, die sie nur bei Farmen oder in Kleinstädten auf ihrem Weg einhandeln konnten, wenn sie einen Sommer lang ihre riesigen Rinderherden durch gemächliches Grasen mästeten und im Herbst zur Eisenbahn trieben, wo die Tiere dann nach den Schlachthöfen des amerikanischen Ostens verladen wurden.

Man weiß nicht genau, ob eine bäuerliche Bevölkerung jeweils zu den einzelnen bekannten sarmatischen Stämmen (siehe dazu S. 52 gehörte, oder ob es sich dabei um eine anders benannte Gruppe handelte, solange dieses Volk noch im Norden des Schwarzen Meeres in den Steppen der heutigen Ukraine seine Herden weiden ließ. Auf jeden Fall musste aber ein intensiver Tauschhandel zwischen Bauern und Hirten stattfinden: Fleisch, Milchprodukte, Felle, Wolle und andere tierische Erzeugnisse gegen Getreide, Gemüse, Leinwand und Anderes, was die Bauern liefern konnten. Im Grunde war diese Zusammenarbeit für beide Seiten von Vorteil.

Nicht nur Bauern waren unerlässlich für die sarmatischen Reiterkrieger, sondern auch verschiedene Spezialisten als Handwerker, wie Schmiede, Zimmerleute, Lederarbeiter, Schafscherer und andere. Natürlich gehörten diese Menschen und ihre Familien zur Unterschicht. Doch allein die lebenswichtige Bedeutung dieser Fachleute für den Alltag des Reitervolkes macht deutlich, dass diese Unterschicht völlig anders als die Sklaven im römischen Reich oder bei den Griechen behandelt werden musste.

Schnell bekommen die Sarmaten in heutigen Darstellungen von Historikern den Stempel „Steppennomaden" aufgedrückt, aber der Begriff ist eigentlich falsch. In bestimmten Gegenden Asiens oder Afrikas gibt es noch bis heute „Nomaden", die mit ihrem Vieh jedes Jahr von Gebieten der Sommerweide zu solchen der Winterweide ziehen müssen, zum Teil über viele hundert Kilometer. In der Ethnologie nennt man diese Lebensweise „Transhumanz". Doch Klima und Vieh sind bei diesen Völkern ganz anders als bei den Sarmaten.

Niemand würde auch die amerikanischen Cowboys als „Nomaden" bezeichnet haben. Vielleicht bewegte sich eine große Rinderherde und daneben eine Schafherde, beide von sarmatischen Jungen (und wahrscheinlich auch jungen Mädchen !) auf ihren Pferden beaufsichtigt, während eines Jahres nur über wenige Dutzend Kilometer vom Fleck, wenn es sich um gutes Weideland handelte und kein besonderer Anlass zum schnellen Ortswechsel bestand.

Dennoch, ortsansässig mit festen Wohnhäusern konnten auch die Sarmaten nicht sein. Denn sie mussten immer wieder ihren Viehherden bei ihrem langsamen Grasen von Weideplatz zu Weideplatz folgen. Wie andere Reiterhirtenvölker aus dem Inneren Asiens hatten sie „Wohnungen" in Form von hölzernen Karren, gezogen von kräftigen und geduldigen Ochsen, auf denen die gesamte Habe einer Kleinfamilie verladen war und in denen die Menschen nachts schlafen konnten. Gut mit Teppichen und Kissen gepolstert und von einem regendichten Filzdach geschützt, waren sie wahrscheinlich gar keine unangenehme Schlafstelle.

Außerdem benutzten sie sicher die klassische Zeltform Innerasiens bis heute, die Jurte, die nur aus einem Gestänge von Holzstäben besteht, das mit Lederhäuten verkleidet wird. Bei etwas längeren Aufenthalten wurden wahrscheinlich Karren und Jurten in Ringform aufgestellt. Ähnlich scheinen es auch Hunnen und Awaren gehandhabt zu haben.

Beide Arten der sarmatischen Wohnungen konnten keine Spuren für die Archäologie hinterlassen. Das dürfte ein Grund sein, warum das Volk für diese Wissenschaft so schwer fassbar ist. Viele Sarmaten und Germanen wurden früher oder später einmal Söldner im römischen Heer und empfingen wenigstens teilweise ihre Waffen, Panzer und Kleidung von dort. So scheinen sich in der Kleidung und der Waffen-Ausrüstung die Krieger in Mitteleuropa während der Völkerwanderungszeit, das heißt im 5. Jahrhundert n. Chr., praktisch nicht unterschieden zu haben.

Wenn die Toten, wie üblich, zusammen mit ihren Waffen, Panzern usw. beerdigt wurden, konnten nur die Metallgegenstände überdauern und mit viel Glück von Archäologen wieder gefunden werden. Trotz aller Bemühungen dieser Zunft ließen sich daran jedenfalls ethnische Unterschiede in Gräbern dieser Zeit und Region nicht feststellen.

III.
Aus der bewegten Geschichte des Volkes

1. Sagenhafte und reale Amazonen

Es scheint so gewesen zu sein, dass die Sarmaten von Osten, aus den Steppen des heutigen Kasachstan, heraus mit Macht in die fruchtbareren Gefilde zwischen Ural und Don drängten. Die dort lebenden Skythen waren durch ihre lange Nachbarschaft mit vielen griechischen Städten am Nordrand des Schwarzen Meeres inzwischen bereits eher „zivilisiert" und hatten viele Schätze in ihren Ochsenwagen oder „Ringen" aus Jurten, die sich die jungen Reiterkrieger der Sarmaten erobern wollten.

Wahrscheinlich waren die Sarmaten ihrerseits getrieben von Saken und Massageten, weiteren Völkern aus der irano-arischen Sprachverwandtschaft und noch „hinterwäldlerischer" und ferner jeder Zivilisation, da sie aus dem Innersten Asiens kamen. Vielleicht hatten auch die Heerzüge des Makedonenkönigs Alexander des Großen im 4. Jahrhundert v. Chr. durch eben diese Region Innerasiens mit dem Druck der Sarmaten nach Westen zu tun, aber sie waren sicher nicht ursächlich dafür, denn schon ein paar Jahrhunderte vorher waren ja Sarmaten gelegentlich im Blickfeld der schreibkundigen Griechen aufgetaucht.

Der „Vater der Geschichte", der griechische Historiker Herodot, berichtete im 5. Jahrhundert v. Chr. etwas Erstaunliches über die Sarmaten: sie seien nämlich aus einer Vermischung einer Gruppe von Skythen mit Amazonen entstanden [35] Doch schrieb er nur etwas nieder, was den Griechen offenbar schon seit vielen Gene-

---

[35] **Herodot,** *Historien* Buch 4, 116-117

rationen bewusst war, aber ihnen nach wie vor unglaublich und unheimlich erschien.

Die griechische Kunst und Dichtung ist voll von geheimnisvollen Mythen über die Amazonen, kriegerischen Reiterinnen aus irgendwelchen fernen asiatischen Völkern. Diese Frauen würden sich eine Brust abbrennen, um besser mit dem Bogen schießen zu können; daher komme der Name A-mazonen = Die Brustlosen. Sie würden sich nur einmal im Jahr mit Männern paaren, um Nachwuchs zu erzeugen, dabei würden neugeborene Jungen entweder getötet oder ins Volk der Väter geschickt, nur die Mädchen würden aufgezogen und zu todesmutigen Kriegerinnen gemacht. Solche Sagen gingen viele Jahrhunderte lang bei den Griechen über diese Frauen um.

So sehr Dichter und Künstler ihrer Phantasie bei der Darstellung der Amazonen freien Lauf gelassen haben, die Berichte sind zu vielfältig, als dass sie alle restlos erfunden sein können. Die Sarmaten müssen das Volk gewesen sein, das den Griechen das Vorbild für ihre Amazonen-Sagen lieferte. In den letzten Jahrzehnten haben zahlreiche Grabfunde zwischen Don und Ural die Richtigkeit der alten Sagen bestätigt: Archäologen haben dort viele Hügelgräber („Kurgane") aus sarmatischer Zeit aufgedeckt, in denen Frauen als Fürstinnen und Kriegerinnen beigesetzt waren, mit reicherem Schmuck und Waffen, als gleichzeitige Männergräber enthielten.

Wie ist das vorstellbar: Frauen als Kriegerinnen und gar Fürstinnen in einem Volk, in dessen gesamter ethnischer und kultureller Verwandtschaft ausschließlich der „patriarchalische Lebensstil" gepflegt wurde ? Nur Männer konnten Krieger sein und hatten in der Gemeinschaft der Dörfer oder der Völker etwas zu sagen.

Wie das indoeuropäische Volk der Sarmaten zu einer Sozialstruktur gekommen war, in der Frauen den Ton angaben, ist noch heute ein Rätsel für Ethnologen. Möglicherweise hat einmal in

Innerasien eine Mischung mit einem mutterrechtlich organisierten Volk anderer Herkunft stattgefunden. Vielleicht aber war die Männer-Vorherrschaft bei den frühen Indoeuropäern auch gar nicht so ausschließlich, wie man bisher angenommen hat [36].

Wie dem auch sei, bei den Sarmaten kämpften und jagten in der Frühzeit Frauen gleichberechtigt vom Pferderücken aus mit, schossen geschickt ihre Pfeile ab und konnten mit Schwert und Lasso umgehen, einem Gerät, das die Sarmaten als Pferdehirtenvolk gut zu beherrschen verstanden. Laut Herodot [37] durfte eine sarmatische Frau erst heiraten und sich aus der Kriegertruppe zurückziehen, wenn sie eigenhändig mindestens einen Gegner im Kampf getötet hatte. Ältere Frauen hatten in der Politik und im öffentlichen Leben ihres Stammes als Fürstinnen und Priesterinnen den eindeutigen Vorrang vor den Männern.

Doch später scheint sich das geändert zu haben. Die Sarmaten waren wohl schon längst in ihren neuen Weidegebieten nördlich des Schwarzen Meeres angekommen, als sie allmählich ihre Kampfweise zu ändern begannen. Und das kann möglicherweise erhebliche Auswirkungen auch auf die Sozialstruktur dieses Volkes gehabt haben. Bisher waren die Sarmaten wie andere Reitervölker bei einem Kampf mit lockeren Reiterpulks auf den Feind zu galoppiert und hatten mit ihren weittragenden Bögen geschossen.

In den letzten Jahrhunderten vor Christi Geburt haben sie dann allerdings eine Kampftaktik ihrer weitläufigen Verwandten, der Parther im heutigen Iran, übernommen, die auch eine tiefgreifende Veränderung ihrer Bewaffnung und Rüstung zur Folge hatte. Nunmehr griffen ganze Schwadronen, mehrere hundert Krieger, in geschlossener Front mit langen Lanzen den Gegner in ge-

---

[36] Neuerdings hat der ukrainische Archäologe J. **Lebeynsky** , *Les Amazones – Mythe et réalité des femmes guerrières chez les anciens nomade de la steppe,* Errance 2009, sich ausführlich damit beschäftigt
[37] **Herodot,** *Historien,* Buch IV, a.a.O.

strecktem Galopp an, dabei waren die Reiter u n d ihre Pferde mit Ketten- oder Schuppenpanzern gegen feindliche Pfeile geschützt. Wahrscheinlich benutzten diese Reiter auch erstmals Steigbügel, die eigentlich unentbehrlich waren, wenn der Reiter sich nach einem Stich mit dieser Lanze im Sattel halten wollte.

Die für die Kunst des Reitens Epoche machende Erfindung des Steigbügels hat sich seltsamerweise von den Sarmaten nur nach Osten, nach Indien und China verbreitet. Griechen und Römer griffen diese Verbesserung nicht auf, obwohl sie später engen kriegerischen und friedlichen Kontakt mit den Sarmaten hatten. Erst im Mittelalter, um das Jahr 900 n. Chr., kamen auch in Mitteleuropa die Steigbügel in Gebrauch, auch hier mit der Folge des Einsatzes gepanzerter Ritterheere.

Diese „schweren Reiter", auf Griechisch hießen sie „Kataphrakten", waren so neu und erfolgreich, dass sie in kurzer Zeit zum Markenzeichen der Sarmaten wurden. Niemand im Altertum hat sich darüber Gedanken gemacht, und auch für heutige Historiker, Archäologen oder Ethnologen ist die Frage kein Thema. Doch eigentlich muss es einleuchten, dass für Frauen – und mögen sie noch so gut körperlich geübt sein - ein schwerer Kettenpanzer und eine vier Meter lange Lanze, die im Kampf waagerecht gehalten werden musste, einfach zu schwer waren. Das erzwang wohl das allmähliche Ausscheiden der sarmatischen Frauen aus dem Kriegerstand und damit zugleich aus ihrer privilegierten Rolle in der Führung ihrer Stämme.

2. Die Sarmaten bis zum frühen römischen Reich

Wie die Germanen zur Römerzeit bestand das Volk der Sarmaten in Wahrheit aus mehreren großen Stämmen, zwar mit der gleichen Kultur, Sprache und Lebensweise, aber voneinander ganz unabhängig und oft miteinander verfeindet. Diese Stämme spielten zu unterschiedlichen Zeiten eine hervorragende Rolle, und auch in Gegenden, die sich im Laufe der Jahrhunderte verschoben. Denn fest ansässig in einer bestimmten Region waren diese Menschen als berittene Hirten großer Viehherden nun einmal nicht.

In antiken Quellen wird häufig ein Stamm der A o r s e n genannt, der seine Weidegebiete wohl nordöstlich des Schwarzen Meeres hatte. Ein anderer Stamm, die S i r a k e n, erlangte zeitweise die Herrschaft über das Kuban-Gebiet nördlich des Kaukasus.

Dort, am Ufer des heute Asowsches Meer genannten Teil des Schwarzen Meeres, hatte sich im Altertum ein Staat etabliert, der aus mehreren Städten westlich und östlich der heutigen „Straße von Kertsch" bestand, der Wasserverbindung zwischen Schwarzem und Asowschem Meer. Im Altertum nannte man diese Verbindung den „Bosporus" (wie auch den ähnlichen Wasserweg zwischen Marmarameer und Schwarzem Meer beim heutigen Istanbul). Daher kannte man diesen Staat unter dem Namen „Bosporanisches Reich".

Es wurde ursprünglich regiert von einer kleinen Zahl von Griechen, die dort schon bald nach Homers Zeit Kolonien angelegt hatten. Später ging die Königsherrschaft in diesem Reich auf eine vermutlich aus Persien stammende Dynastie über. Es wurde bald ein Staat, der sich unter den Schutz des Römischen Kaiserreichs gestellt hatte. In dieser Form hatte es einen unerwartet langen Bestand.

Im Laufe der Jahrhunderte blieb es nicht aus, dass dieses Bosporanische Reich unter den Einfluss und die Herrschaft der Sarmaten geriet, die ganz in der Nähe lebten, wahrscheinlich der S i r a k e n , die dort sesshaft wurden und, wie es heißt, die griechische Sprache annahmen. Hier gingen dann die griechischrömische Zivilisation und der Lebensstil der Sarmaten eine ganz besondere Mischung ein. Für die mittel- und westeuropäische Geschichtswissenschaft war allerdings das Bosporanische Reich so abgelegen, dass nur ganz wenige Fachleute sich damit beschäftigt haben [38]. Ein beträchtlicher Teil der wenigen Bildwerke aus der Antike, die Sarmaten darstellen, stammt aus diesem Gebiet.

Unter Fachleuten [39] ist es umstritten, ob die erwähnten Aorsen die Stammväter des später sehr bekannten Stammes oder Volkes der A l a n e n gewesen sind, die wohl ursprünglich ebenfalls sich in diesem östlichen Bereich allmählich aus dem Volk der Sarmaten zu einem eigenen Volk entwickelten. Um Christi Geburt waren sie vermutlich noch ein kleiner sarmatischer Teilstamm nördlich des Kaspischen Meeres. Doch bald errangen sie dort die Oberherrschaft über andere Sarmaten- und Skythen-Stämme, auch über Gruppen anderer sprachlicher und kultureller Herkunft.

Das Volk der Hunnen riss bei seinem wilden Ritt im 4. Jahrhundert n. Chr. auch die Alanen nach Westen mit. Ein Teil davon flüchtete zusammen mit Vandalen und Sueben im Jahr 406/7 über den Rhein nach Gallien und Spanien und zog zusammen mit den germanischen Vandalen bis nach Tunesien.

Ein anderer Teil der Alanen war nach einem Streit um die Königsherrschaft innerhalb dieses Volkes in Gallien zurückgeblie-

---

[38] **Fournasier,** Jean / **Böttger,** Burkhard (Hrgs.), *Das Bosporanische Reich Der Nordosten des Schwarzen Meeres in der Antike;* Mainz 2002. Dieses reich bebilderte Buch dürfte nahezu das einzige sein, das in den letzten Jahren dazu erschienen ist.
[39] siehe dazu u.a. **Lebedynsky,** J., *Les Alains, S. 43,45*

ben und hatte sich auf die Seite der Römer geschlagen. Es spielte danach im 5. Jahrhundert noch eine nicht unbedeutende Rolle in den vielen Kämpfen in Gallien. Vermutlich haben die römischen Behörden diese Gruppe in der Provinz Belgica Prima angesiedelt – oder wenigstens die Ansiedlung dort geduldet –, rund um die heutige Stadt Maastricht im Südzipfel der Niederlande [40]. Teile davon gerieten später aber auch nach Südfrankreich.

Eine dritte klar unterscheidbare Teilgruppe der Alanen flüchtete sich gleich beim Einsetzen des Hunnensturms in einige abgelegene Täler des Kaukasus-Gebirges und konnte dort über viele Jahrhunderte ihre Sprache und ihre Kultur bewahren. Daraus wurden die O s s e t e n, die noch heute eine kleine Region nördlich und südlich des Kaukasus-Hauptkamms bewohnen und als einzige Bewohner der Gebirgslandschaft eine irano-arische Sprache benutzen (siehe S. 25 f.)

Ein anderer großer Stamm der Sarmaten waren die J a z y - g e n, die zunächst nördlich der Schwarzmeerküste lebten und später weiter nach Westen in die Puszta Pannoniens (Ungarns) zogen. Dieses Gebiet war wie geschaffen für Rinderhirten zu Pferde und wurde dann ja auch später zum Ziel für Hunnen, Awaren und Magyaren (Ungarn).

Bekannt als großer sarmatischer Teilstamm waren auch die R o x o l a n e n, die während des frühen Römischen Kaiserreiches ebenfalls von den Steppen der Ukraine nach Westen rückten und wohl zeitweise im heutigen Rumänien nördlich der unteren Donau lebten.

Ferner muss es einen weiteren sarmatischen Teilstamm mit dem Namen T u r k i (oder Turkerer) gegeben haben – nicht zu verwechseln mit den späteren Türken ganz anderer Herkunft. Mittel-

---

[40] diese Erkenntnis beruht u.a. auf Mitteilungen des niederländischen Heimatforschers Guus **Maares** an den Autor, der eine Abstammung von diesen Alanen behauptet und viel zu ihrer Erforschung in der neuen Heimat getan hat

alterliche und auch moderne Historiker haben aber gerade diese Verwechslung mit Konsequenz begangen. In der Endzeit des weströmischen Reiches scheint er im heutigen Serbien, aber wohl nördlich der Donau, gelebt zu haben (Näheres dazu siehe im Band **5** dieser Reihe: „**Die Schwaben**").

Doch sind damit wohl noch nicht alle verschiedenen Gruppierungen des Volkes aufgezählt sein, die im Laufe der Zeit zu Traditions- oder Kultverbänden eines wachsenden und sich allmählich auseinander entwickelnden Volkes wurden.

Dieser kurze Überblick lässt schon erkennen, dass die Sarmaten nicht wie Bauern am einmal urbar gemachten Grund und Boden hingen, sondern hinsichtlich ihres Lebensraums beweglich waren, wie das zu berittenen Hirten von Rindern, Schafen und Pferden passt. Allmählich zogen die einzelnen Stämme immer weiter nach Westen, und sie erreichten so bald die Grenzen des Römischen Kaiserreiches.

Dieses hatte zwar auch „Interessengebiete" in Form von „Schutzstaaten" am Nordrand des Schwarzen Meeres, aber in direkten Konflikt mit römischen Siedlern, römischer Verwaltung und römischem Militär konnten die Sarmaten erst kommen, als sie den Mittel- und Unterlauf der Donau erreicht hatten. Dieser Fluss war zu Beginn und auch wieder am Ende des Kaiserreiches für lange Zeit die Grenze mit einem gut befestigten Limes; nur vorübergehend – von 106 – 270 n. Chr. – war ein großer Teil des heutigen Rumäniens („Dakien") in römischem Besitz.

Bis zu dieser Zeit scheinen die genannten sarmatischen Stämme noch eine gewisse politische Bedeutung gehabt zu haben, das heißt, der jeweilige Fürst (oder König ?) der Stämme entschied über die wichtigen Dinge, wie eine erhebliche Verlagerung des Lebensraums der dazu gehörigen sarmatischen Gruppen sowie über Krieg oder Frieden – mit einem anderen sarmatischen Stamm, einem anderen Feind oder mit dem Römischen Reich.

Doch wohl spätestens seit der Zeit, die der Historiker als „spätes Römisches Reich" benennt – also etwa ab 300 n. Chr.- scheinen die Stämme keine politische Führung mehr gehabt zu haben. Dennoch hatten sie offenbar als Kultgemeinschaften noch eine besondere Bedeutung für die aus ihnen hervorgegangenen kleineren sarmatischen Volksgruppen. Denn die Adligen nutzten noch sehr lange bestimmte Farben, die diesen alten Stämmen zugeordnet waren, als unterscheidendes Kennzeichen.

Ein weit sichtbares und daher sehr auffallendes Kennzeichen der Adligen der sarmatischen Stämme muss ein Wollmantel gewesen sein, den jeder aus diesem Stand wenigstens bei Kämpfen über seiner sonstigen Rüstung trug. Bereits Herodot benannte im 5. Jahrhundert v o r Christus dieses Volk als die „Melachlainen". Sie trugen also schwarze Wollmäntel (griechisch: melanos = schwarz, chlainos: die ungenähten wollenen Überwürfe für griechische Männer in der Antike, bei den Griechen waren sie meist weiß). So wichtig scheint dieser Mantel gewesen zu sein, dass vielleicht der „Fremdname" für das Volk, eben „Sarmaten", aus deren Sprache von diesen Mänteln her gekommen sein soll (siehe oben S. 22). Doch bleibt bei Herodot offen, ob a l l e sarmatischen Adligen dieses Zeichen trugen oder ob es bereits damals nach den verschiedenen Stämmen unterschiedlich war.

Rund tausend Jahre später, d.h. in der Völkerwanderungszeit und damit in der Zeit der in diesem Buch behandelten „vergessenen" Ausbreitung sarmatischer Gruppen in Europa, scheinen immer noch Wollmäntel das allgemeine Adelsabzeichen dieses Volkes gewesen zu sein, nun allerdings in verschiedenen Farben.

Wie der Mantel wohl getragen wurde, zeigt ein Mosaik aus dem heutigen Tunesien in Nordafrika aus dem 6. Jahrhundert n. Chr. Angeblich wird ein vandalischer (also germanischer)

Reiter darauf dargestellt, doch war es in Wahrheit wohl ein ala-
nischer Adliger. Ein nicht unbeträchtlicher Teil dieses sarmatischen Teilvolkes war ja bekanntlich als Verbündete der Vandalen
mit diesen bis nach Tunesien gezogen.

Die auffallenden Wollmäntel hatten wohl vorrangig die Aufgabe, die später im hohen Mittelalter den bunt bemalten Wappen-
schildern zufiel: der Träger sollte schon von weitem für Freund
und Feind als Adliger (später als Ritter aus einem bestimmten
Geschlecht) erkennbar sein. Diese Aufgaben-Verwandtschaft hat
sicher auch dazu geführt, dass die Farben dieser Mäntel später
den Weg in die „offizielle" Heraldik fanden.

Es hat Jahre geduldigen Forschens nach den Geheimnissen der
Sarmaten gebraucht, bis für den Autor aus zahlreichen, zufällig
aufgefundenen Indizien die Gewissheit entstand, dass diese Mäntel in verschiedenen Farben und Mustern gewebt waren und dass
diese die verschiedenen alten Stämme anzeigten.

So waren die Mäntel der Adligen aus dem Stamm der J a -
z y g e n in rot-weißen Karos gewebt. Im Stamm der R o x o l a-
n e n bestanden sie aus einem dunkelblauen Wollstoff; nur die
obersten Anführer, die Fürsten, hatten das Recht, kleine goldene
Schmuckstücke in Form von Zikaden oder Bienen auf dem Mantel zu tragen. Bei den T u r k e r e r n waren die Adelsmäntel
halb gelb, halb schwarz.

Doch es gab offenbar auch noch andere Sarmatengruppen, die
sich durch ihre Mantel-Färbung von anderen unterschieden:

schwarz-weiße Karos, blau-weiße Karos und „Sparren", das sind schräg nach oben gegeneinander gerichtete Balken, die wie Symbole für die Dachsparren bei einem Holzhaus wirken.

An passender Stelle dieses Buches sowie in den anderen Bänden der Reihe wird Näheres zu diesen Adelszeichen und ihrer historischen Bedeutung ausgesagt werden.

Offenkundig ist die Tatsache, dass die Farben und Zeichen dieser Mäntel Jahrhunderte später in den Wappenschilden einiger deutscher Rittergeschlechter (und noch viel später in Wappen von Grafschaften und Gemeinden) wiedergefunden werden können. Allerdings müssten Heraldiker dazu bereit sein, anzuerkennen, dass es Vor-Formen der angeblich erst seit etwa 1100 n. Chr. in Europa aufkommenden Wappenzeichen bereits längst vorher gab. Doch das scheint nicht unbedingt zum Selbstverständnis der Heraldik zu gehören.

Diese Weitergabe der sarmatischen Adelszeichen setzt allerdings voraus, dass die Familien, die sie führten, im Mannesstamm zwischen 500 und mindestens 1100 n. Chr. in ununterbrochener Folge bestanden haben, und das Wissen über die Bedeutung dieser Zeichen musste von Generation zu Generation weitergegeben worden sein. Zahlreiche sarmatische Adelsfamilien in Mitteleuropa (und darüber hinaus) scheinen das aber geschafft zu haben. H e u t e sind allerdings wohl die meisten dieser Familien ausgestorben; und wenn nicht, dann weiß keine von ihnen von der einstigen historischen Bedeutung ihrer Wappen.

Eine ganz ähnliche Aufgabe hatten übrigens die verschiedenen „Tartans" (gewebte Muster) der „Kilts" (traditionelle Leibröcke), um die Familienclans der Hochland-Schotten voneinander zu unterscheiden [41].

---

[41] Auf die Verwandtschaft dieses Zeichens zwischen Sarmaten und Schotten macht auch J. **Lebedynsky**, *Les Indo-Européens,* Errance 2000, aufmerksam.

Im ersten Jahrhundert n. Chr., anders ausgedrückt in der frühen Zeit des römischen Kaiserreiches, scheint es relativ friedliche Beziehungen zwischen diesem Reich und seinen sarmatischen Nachbarn gegeben zu haben. Der römische Dichter Ovid, der zur Zeit des Kaisers Augustus am Schwarzen Meer in der Verbannung leben musste, schreibt, er habe dort Gotisch und Sarmatisch sprechen lernen müssen [42]

Antike Quellen berichten davon, Kaiser Tiberius habe die vor den Roxolanen geflohenen Jazygen im Gebiet zwischen Donau und Theiß, also in der pannonischen Puszta, angesiedelt, um sie als „Prellbock" gegen die weiter östlich lebenden Daker zu benutzen, und er habe diesem Sarmatenreich den Status eines römischen Schutzstaates verliehen. Abgesehen von meist kurzfristigen Streitigkeiten, oft über die Ausführung der geschlossenen Verträge, blieb es an der Donaufront für Rom friedlich, was die Sarmaten anging.

3. Kämpfe gegen Rom, Kämpfer für Rom

In den kommenden Jahrhunderten, vom 2. bis zum Ende des Weströmischen Reichs im 5. Jahrhundert, war das Verhältnis zwischen den Römern und den Sarmaten stets zwiespältig und vom heutigen Betrachter schwer zu verstehen, wenn er unterbewusst Geschichtsvorgänge vor 2000 oder 1500 Jahren immer noch durch eine „nationale Brille" betrachtet.

Unter dem Kaiser Marc Aurel – er regierte von 162 bis 180 n. Chr. – hatte sich Rom an der mittleren Donau gegen wiederholte g e r m a n i s c h e Invasionen zu wehren. In der Geschichtsliteratur erscheinen sie unter dem Schlagwort „Markomannenkrie-

---

[42]   **Ovid,** *Epistulae ex Ponto,* III, 2, 40

ge". Dabei versuchten diese Markomannen aus dem böhmischen Becken und andere Gruppen von Germanen im römischen Gebiet, also auf der Südseite der Donau, Ackerland zu finden. Rom verweigerte die zuerst demütig vorgetragene Bitte und provozierte damit jahrelange wütende Kämpfe, die nicht nur die Provinzen Noricum und Pannonia bedrohten, sondern auch nach Oberitalien jenseits der Alpen übergriffen.

In diesen Kriegen war der jazygische König mit den Markomannen und den germanischen Quaden verbündet. Was dies konkret bedeutete und welche Kämpfe zwischen Sarmaten und Rom ausgefochten wurden, wird aus den antiken Quellen nicht recht klar. Schließlich baten die Jagygen um Frieden. Erst nach längeren Verhandlungen wurde er im Jahr 175 gewährt; ganz offenbar waren die Sarmaten keineswegs so völlig besiegt, dass sie jede Bedingung hätten akzeptieren müssen.

Sie mussten sich verpflichten, sich von der Donau, also der Grenze, mindestens 15 Kilometer entfernt zu halten, sowie angeblich 100 000 Gefangene auszuliefern, die sie zuvor in den Kämpfen gemacht hatten. Diese Bedingung zeigt, dass Kriege damals keineswegs nur geführt wurden, um fremdes Land zu erobern oder zu plündern, sondern es ging vielleicht sogar vorrangig um Arbeitskräfte für Feld- und andere Arbeiten, die b e i d e Seiten dringend benötigten. Bei diesen Menschen dürfte es sich um Sklaven, kleine Handwerker und Kolonen (Kleinbauern) gehandelt haben, die für die römischen Kaiser und Generäle als Menschen so uninteressant waren, dass sie nur als Zahl auftauchen. Ähnliche Klauseln kamen in Friedensschlüssen immer wieder vor.

Die folgenreichste Bedingung des Friedens war, dass die Jazygen 8000 ihrer berühmten Panzerreiter („Kataphrakten") für das römische Heer zur Verfügung stellen mussten. Sie hatten wahrscheinlich den Römern schwere Verluste zugefügt und wurden so einerseits als potentielle Gegner ausgeschaltet, andererseits als Elitetruppe zur Verstärkung des römischen Heeres benutzt. [43]

5500 davon wurden sofort quer durch Europa nach Britannien in Marsch gesetzt, wo sie zur Verstärkung der römischen Truppen am sogenannten „Hadrianswall" im Norden des heutigen England dienen sollten. Zahlreiche Indizien deuten darauf hin, dass diese Sarmaten in Britannien in den nächsten Jahrhunderten nicht etwa ausstarben oder völlig als Römer assimiliert wurden, sondern als kleiner Volkskörper erhalten blieben und später im keltischen Volk der Waliser – dieser Teil Britanniens war nie richtig von den Römern erobert worden – eine wichtige Rolle spielen sollten. Die sogenannte Artus-Legende geht wahrscheinlich darauf zurück. Doch kann in diesem Buch auf diesen Teil der europäischen Geschichte nicht näher eingegangen werden [44].

Im 3. und 4. Jahrhundert n. Chr. berichten römische Quellen immer wieder, meist aber ohne nähere Einzelheiten, von „Sarmatenkriegen" an der unteren Donau. Bereits Kaiser Marc Aurel hatte sich den Ehrentitel „Sarmaticus = Sieger über die Sarmaten" von Senat verleihen lassen. Mehrere spätere Kaiser durften sich dann sogar mit dem Titel „Sarmaticus maximus" schmücken, ohne dass danach das „Volk" der Sarmaten wirklich besiegt war.

Wahrscheinlich haben römische Truppen mal gegen den einen, mal gegen einen anderen der sarmatischen Stämme gekämpft, wobei die anderen Stämme ihren Frieden mit dem Römischen Reich nicht unterbrechen ließen. Worum es bei diesen Kämpfen ging, wird auch nie recht klar, die römischen Schriftquellen sind hier sehr wortkarg. Recht unwahrscheinlich ist, dass jedes Mal,

---

[43] J. **Lebeynsky,** *Les Sarmates,* S 54

[44] eine beeindruckende Darstellung des Schicksals dieser Sarmaten in Form eines Romans hat Gillian **Bradshaw,** *Die Reiter der Sarmaten,* London 1992 (*Island of Ghosts*) geliefert. Zur Artus-Legende und dem vermuteten Zusammenhang mit den sarmatischen Söldnern siehe u.a. Scott **Littleton,** Linda A. **Malcor,** *From Scythia to Camelot,* New York 2000.

wenn es zu Kämpfen mit römischen Soldaten kam, vorher sarmatische Krieger den breiten und gut befestigten Grenzstrom der unteren Donau in großer Zahl überschritten und auf römischen Gebiet geraubt und gemordet hatten. So stellt man sich ja nach dem Vorbild der Hunnen das Verhalten von „Reiternomaden" vor, wie Historiker gerne, aber falsch die Völker der Reiterkrieger aus dem Inneren Asiens nennen.

Gewissen Andeutungen römischer Historiker zufolge ist es in diesen Jahrhunderten auch immer wieder zu Machtkämpfen und Kriegen zwischen einzelnen Sarmatenstämmen gekommen. Möglicherweise haben sich Römer mal auf der einen Seite, mal auf der anderen gerne eingemischt, um auf diese Weise mehr Einfluss jenseits ihrer Reichsgrenze zu erreichen, und so „sarmatische Kriege" geführt. Die Inflation der „Sarmatensieger-Titel" bei einzelnen Kaisern – so soll allein Galerius (Kaiser von 305 – 311) fünfmal zum „Sarmaticus maximus" ausgerufen worden sein – deutet auf solche Zusammenhänge hin.

In den folgenden drei Jahrhunderten sollten die Stämme der Sarmaten dem römischen Staat noch zahlreiche Krieger zur Verfügung stellen, zusammengenommen wahrscheinlich mehr als hunderttausend. Diese Reiterkrieger in römischem Sold standen in ganz verschiedenen Verhältnissen, je nach den Umständen. Teilweise waren sie gewissermaßen Kriegsgefangene, die dann an einer anderen Front des Reiches gegen fremde Feinde eingesetzt wurden, wie die nach Britannien geschickten Reiter. Andere werden in Friedenszeiten freiwillig in den gut bezahlten Dienst der Römer getreten sein und wurden dort als hochberühmte Elitesoldaten mit großer Freude akzeptiert.

In den antiken Quellen nie erwähnt, aber selbstverständlich war, dass diese Krieger immer von ihren Frauen und Kindern sowie von ihrem Gesinde aus der unteren Volkskaste begleitet wurden. Wenn man das übliche Verhältnis von 4 – 5 Familienangehörigen zu e i n e m Krieger zu Grunde legt, kommt man auf höchst beachtliche Menschenzahlen, die in diesen dreihundert Jahren vom sarmatischen Volk in das römische Reich eingebracht worden sind.

Ganz ähnlich hatten die römischen Kaiser schon von frühen Zeiten an Germanen als Hilfstruppen in ihrem Sold. Je länger das Römische Reich dauerte und je schwieriger es wurde, „geborene Römer" für den Militärdienst zu gewinnen, desto mehr dienten dort fremde Söldner. Spätestens seit der Mitte des 4. Jahrhunderts bestand das römische Heer fast nur noch aus gebürtigen „Barbaren".

Heutzutage könnte die Loyalität solcher „Fremdenlegionen" als Problem betrachtet werden. Auch Kaiser Augustus hatte nach der Niederlage des Varus in Germanien Angst vor seinen germanischen Leibwächtern - - völlig zu Unrecht, wie sich herausstellte. Fast nie haben im römischen Heer solche fremdstämmigen Truppenteile es an Loyalität gegenüber ihren römischen Generälen oder Kaisern fehlen lassen.

Um das zu verstehen, muss man sich gedanklich etwas genauer mit der Art der Friedensschlüsse zwischen dem Römischen Reich und seinen zahlreichen Gegnern auseinandersetzen. Die antiken Quellen berichten zwar von hunderten solcher Friedensschlüsse und manchmal auch den Friedensbedingungen, jedoch nie von den F o r m e n , in denen solche Übereinkommen geschlossen wurden. Das gilt genauso für die Verträge, die fremde Krieger-Anführer mit Generälen oder Kaisern schlossen, um mit ihren Kriegern freiwillig in den Dienst des römischen Reiches zu treten.

Schriftliche Verträge waren zu einer Zeit unvorstellbar, in der zumindest die eine Seite der Vertragschließenden, nämlich die Barbaren, von der Kunst des Schreibens keine Ahnung hatten. So lässt sich nur eine Form solcher Vertragsschlüsse denken, indem vor den Heeren beider Seiten oder mindestens Vertretern der Betroffenen m ü n d l i c h die genauen Bedingungen der Übereinkunft vorgetragen wurden, in beiden Sprachen, durch Dolmetscher Satz für Satz übersetzt. Die Öffentlichkeit – wenigstens für die, die es anging – war dabei unabdingbar.

Die Verpflichtung, diese Bestimmungen unverbrüchlich einzuhalten, wurde dann von den Anführern beider Seiten feierlich beschworen, für sich persönlich und für alle in ihrer Gefolgschaft, die ihrerseits ihren Anführern Treue geschworen hatten, mit einem heiligen Eid bei ihren jeweiligen Göttern und mit dem Fluch der Götter beladen für jeden, der diese Abmachung brechen würde.

Ein solcher Schwur band nämlich auch die römischen Soldaten an ihre Kommandeure und an ihre Kaiser. Diese Eidesleistung wurde von Germanen, von Sarmaten und von Römern außerordentlich ernst genommen. Dazu gehörte für Sarmaten übrigens, dass ein Schwert während dieser Eidesleistung in den Boden gesteckt war (siehe oben S. 31). Streiten konnte man allerdings hinterher, ob auch alle Bedingungen exakt eingehalten wurden, die man beschworen hatte - - und das gab dann Anlass, solche Abmachungen auch wieder zu brechen, was natürlich auch vorgekommen ist, aber relativ selten.

Gerade für die Religion der Sarmaten muss ein solcher Schwur ungeheuer viel bedeutet haben. Wie oben (S. 27 f.) erklärt, schworen mehrere Familienoberhäupter aus der unteren Bevölkerungsklasse einem Adligen einen lebenslangen Treueschwur für sich und ihre Angehörigen, der Adlige wiederum einem Stammesoberhaupt oder Fürsten – oder auch einem römischen General.

Existierte dieser General oder Kaiser nicht mehr, d.h. war er tot oder abgesetzt, dann konnte die Wirkung des Schwures enden, wenn er nicht rechtzeitig auf den Nachfolger geleistet worden war. Die Römer beklagten sich oft über die „Treulosigkeit" der Barbaren, die willkürlich ihre Eide brächen. Sie, für die die „res publica Romana" ewig bestand, hatten kein Verständnis dafür, dass Barbaren Eide gegenüber einer P e r s o n leisteten und nicht gegenüber einem von ihnen nicht verstandenen abstrakten Idol, dem „Staat".

Entgegen den sehr einseitigen, aber eben auch sehr wortkargen Berichten römischer Quellen waren die Beziehungen zwischen dem Römischen Reich und den Sarmaten keineswegs nur kriegerischer Natur. Vermutlich gab es in den gut 300 Jahren vor dem Hunneneinfall zusammengerechnet kaum 50 Jahre Kriege zwischen diesen Gegnern, und das, wie oben erklärt, nie zwischen dem Reich und a l l e n Sarmaten.

Ganz ähnliche Verhältnisse herrschten übrigens auch an der Rheingrenze gegenüber den Germanen. Nur durch die weitgehende Uninformiertheit der Römer hinsichtlich ihrer Gegenüber und durch die „völkisch"-ideologisch beeinflusste Sicht deutscher Historiker seit 200 Jahren wurden hier die verschiedenen Stämme, mit denen die Römer es zu tun hatten, zu einer „Einheit der Barbaren" oder „Einheit der Franken" oder in der Neuzeit zu einer „Einheit des germanischen Volkes".

Es ist daher heute schwer zu erklären, aber eine Tatsache, dass während der ganzen Jahrhunderte immer wieder aufflammender Kriege zwischen Römern und Sarmaten an der unteren Donau gleichzeitig zahlreiche „Dracones" sarmatischer Reiterkrieger auf Dauer in römische Heeresdienste getreten sind und über Generationen in den verschiedensten Regionen des Reiches treu zu ihren Eiden gestanden haben.

Diese „Dracones" waren wohl eine Eigenart der sarmatischen Reiterkrieger. Militärisch waren sie ein Regiment (lat.: Ala) von etwa 500 Reitern [45] unter Anführung eines höheren Offiziers, der

---

[45] **Lebedynsky, J.** , *Les Sarmates…* S. 58

natürlich der Adelsklasse angehörte. Sicherlich gab es aus militärischen Gründen Unterteilungen unter dem Kommando jüngerer Offiziere. Es handelte sich dabei in der Hauptsache um die schwer gepanzerten Reiter mit ihren langen „Contus-Lanzen", die auf den „sarmatischen Sturm" eingeübt waren, auf den Frontalangriff des ganzen Regiments, mehrfach gestaffelt, im schnellsten Galopp ihrer Pferde. Diesem Ansturm hatten Fußsoldaten praktisch keine Gegenwehr entgegenzusetzen. Doch scheint es auch Dracones von berittenen Bogenschützen gegeben zu haben.

Dem adligen Anführer eines solchen Regiments wurde von einem Leibwächter eine Stange nachgetragen, an deren Spitze ein aus Metall getriebener Drachenkopf hing, dem beim Reiten ein bunter Stoffsack nachflatterte, eine Art antiker „Windsack". Nach diesem Bild hatten die sarmatischen Alae den lateinischen Namen „draco = Drache" erhalten. Er war als Abzeichen verschiedener asiatischer Reitervölker bekannt und hatte die Aufgabe, einerseits wie die Fahne des Regimentskommandeurs dessen Standort im Kampf anzuzeigen, andererseits durch sein seltsames Aussehen die Feinde zu erschrecken.

Das hier abgebildete „Drachenhaupt" wurde im römischen Kastell Neuwied-Niederbieber gefunden. Dieses Kastell am so genannten „obergermanisch-rätischen Limes" östlich des Mittelrheins wurde etwa um das Jahr 180 n. Chr. errichtet, als das Römerreich es geschafft hatte, für einige Jahrzehnte seine Herrschaft bis über den Taunus und den unteren Main hinaus in die bisherige „Germania libera" auszudehnen. Möglicherweise wurden die restlichen 2500 sarmatischen Kataphrakten aus dem Friedensschluss von 175 an diesen Limes verlegt. Deren Schicksal ist nämlich nicht bekannt, aber der in Niederbieber gefundene, typisch sarmatische Drachenkopf aus Bronze weist deutlich darauf hin, dass noch gut 80 Jahre später eine sarmatische Einheit dort stationiert gewesen sein muss. Das Kastell wurde um das Jahr 260 von Germanen (Alemannen ? Franken ?) belagert, erobert und zerstört.

Man hat dieses Drachensymbol für ein allgemein bei der römischen Kavallerie übliches Feldzeichen gehalten, doch stammte es ursprünglich von diesen sarmatischen Heereseinheiten.

Doch ein sarmatischer Draco war sicherlich mehr als eine militärische Gruppierung. Entsprechend den merkwürdigen Querverbindungen zwischen den Bevölkerungsklassen innerhalb der einzelnen sarmatischen Stämme dürfte jede Teileinheit (nach heutiger militärischer Ausdrucksweise ein „Zug") eine Schwurgenossenschaft zwischen einer Anzahl von Kriegern – aus der unteren Volkskaste – und einem Anführer aus dem Adelsstand gebildet haben. So gehörten sicher auch die Frauen und Kinder, Gesinde und halbfreie Handwerker zu einem Draco. Auf dem Marsch und im Krieg war eine solche militärische Einheit daher zugleich ein kleiner autarker Volkskörper, von dem auch die „zivilen" Mitglieder durch ständige Übung und Disziplin für jeden denkbaren Fall wussten, was ihre jeweilige Aufgabe war. Zusammen mit den nicht kämpfenden Angehörigen zählte ein solcher Draco dann vermutlich etwa 2000 bis 2500 Köpfe.

Für die Einwohner des Römischen Reiches muss es ein beeindruckender Anblick gewesen sein, einen sarmatischen Draco auf einer der vielen Römerstraßen an sich vorbeiziehen zu sehen. Statt einigen hundert müde ihre Waffen und ihr Gepäck schleppenden Legionären zu Fuß – ein sehr gewohnter Anblick ! – folgten sich hier viele Wagen aus Holz, gezogen von kräftigen Ochsen, immer wieder unterbrochen von kleineren Rinder- und größeren Pferdeherden, die von halbwüchsigen Jungen und Mädchen auf ihren Pferden getrieben wurden. Und davor, dazwischen und dahinter in strenger militärischer Disziplin jeweils mehrere turmae (turma, lat.: kleine Militäreinheit, etwa „Zug") schwer gepanzerter Reiter mit Helmen und langen Lanzen, die über die Sicherheit von Menschen und Tieren wachten.

Kein antiker Autor hat je einen solchen Zug beschrieben und kein Archäologe hat Beweise für die obige Schilderung aus der Erde gegraben. Das wäre auch unmöglich. Doch anders als „strenge Wissenschaftler", die nur das niederschreiben, was sie zuvor – auf Papier oder im Boden – persönlich gesehen haben, kann ein Schriftsteller mit logischem Nachdenken und mit durch Erfahrung geschärfter Vorstellungskraft Bilder entwerfen, die höchstwahrscheinlich zutreffen.

Auch wenn die in römischen Dienst getretenen Sarmatengruppen vermutlich meist in Kastellen untergebracht wurden und daher gewissermaßen „ansässig" geworden waren, benötigten sie wenigstens kleinere Rinderherden in ihrer Nähe, zur Aufrechterhaltung ihrer gewohnten Ernährung und Befriedigung anderer Bedürfnisse, die ihnen die gezüchteten Tiere liefern konnten. Auch als römische Soldaten waren diese Sarmaten fast autark, was ihren Unterhalt und ihre Ausrüstung anging. Rüstungen, Waffen, hölzerne Wagen und andere Notwendigkeiten wurden von den verschiedenen spezialisierten Handwerkern hergestellt, die jeden Draco begleiteten. Anderes konnte im Tausch gegen ein paar Rinder oder Pferde erworben werden.

Einen regulären Sold als Soldaten, der bei den Römern recht großzügig ausfiel, erhielten wahrscheinlich nicht alle diese sarmatischen Einheiten. Die nach einem verlorenen Krieg „abgetretenen" Krieger (wie die nach Britannien geschickten) mussten wahrscheinlich ohne Sold dienen, doch war die römische Armee dann verantwortlich, sie mit allem zu versorgen, was ihren Lebensunterhalt, ihre Ausrüstung usw. betraf.

Eine billige Art, Soldaten aus barbarischen Völkern zu besolden, dürfte den römischen Militärverwaltungen wenigstens im letzten Jahrhundert des Reiches und in den am meisten bedrohten Gebieten an der Grenze eingefallen sein. Es gab an sich eine Regel im Römischen Reich, solchen Fremdtruppen, die als „Foederati" in bestimmten Regionen stationiert wurden, ein Drittel des Landes und der Einkünfte dort abzutreten. Doch das war teuer und hatte Proteste der römischen Gutsbesitzer zur Folge.

Billiger war es da, den Barbaren zu gestatten, sich durch Landwirtschaft und Viehzucht auf ihnen zugewiesenen herrenlosen Grundstücken in der Nähe ihrer Kastelle selbst zu versorgen. Aber der römische Staat verzichtete darauf, ihnen die übliche Kopfsteuer abzuverlangen. Diese Kopfsteuer war zwar nicht hoch, aber die normalen bitterarmen Kolonen (Landarbeiter) auf römischen Gütern wurden durch sie unerhört hart getroffen. Wenn die Soldaten und ihre Angehörigen davon ausgenommen waren, bedeutete das für sie einen geldwerten Vorteil, der nicht zu unterschätzen war.

Genaueres zu den ökonomischen Problemen, mit denen einige der sarmatischen Dracones in der Fremde konfrontiert waren, wird im Band 6 ausgeführt. So weit bekannt, hat sich in jüngerer Zeit kein Historiker mit derartigen Fragen beschäftigt, selbst wenn sie Fachbücher über die Wirtschaft im späten Römischen Reich verfasst haben.

Keine Aufstellung, auch nicht von den ganz wenigen modernen Forschern, die sich mit dem Thema „Sarmaten im Römischen Reich" beschäftigt haben [46], kann genau angeben, wie viele solcher sarmatischen Dracones im Laufe der hier betrachteten drei

---

[46] Dazu gehört J. **Lebedynsky**, a.a.O.

Jahrhunderte im Reich angesiedelt wurden, und wo. Die römischen Historiker hat es nie interessiert.

Die einzige Quelle hierzu ist die so genannte „Notitia Dignitatum". Wie durch ein Wunder ist der Text dieses „Staatshandbuchs" des Römischen Reiches erhalten geblieben, leider nicht ganz vollständig. Seine Fassung soll etwa aus dem Jahr 430 n. Chr. stammen, doch scheinen Angaben bis zum Jahr 300 zurück darin enthalten zu sein, und man kann nicht sicher sein, auf welche Zeit sich die spärlichen Bemerkungen beziehen. Man weiß inzwischen auch, dass selbst die erhaltenen „Notizen" unvollständig sind.

In diesem „Staatshandbuch" werden nun – neben zahlreichen anderen staatlichen Stellen - „Praefecti Sarmatorum" aufgezählt, in Gallien sechs und in Italien nicht weniger als 15, die meisten in Oberitalien. Zu diesen sarmatischen Einheiten schreibt Lebedynsky [47] : *„Als ‚gentiles' waren sie im juristischen Sinn Ausländer und Freie, sie bildeten kleine militärische autonome Einheiten; ihre Anführer waren die ‚Präfekten'."*

Leider sind unter den in der „Notitia Dignitatum" genannten Präfecti zwei nicht enthalten, die für das spätere Deutschland und das spätere Frankreich von besonderer Bedeutung wurden. Man kennt sie aber aus anderen Quellen. Es handelt sich um einen sarmatischen Draco, der um das Jahr 365 im Hunsrück angesiedelt wurde, sowie um den Praefectus Sarmatorum in dem kleinen Kastell Fanum Martis, heute Famars bei Valenciennes in Nordfrankreich. Die letzteren wurden zu den späteren Merowingern.

Mit den Sarmaten im Hunsrück verhielt es sich wohl so: der weströmische Kaiser Valentinian I. (364 - 375) muss schon zu Beginn seiner Herrschaft die Ansiedlung eines Draco sarmatischer Söldner etwa in der Mitte zwischen der Provinzhauptstadt Mainz und der damaligen weströmischen kaiserlichen Residenz-

---

[47] a.a.O. ., S. 59

stadt Trier befohlen haben, Rund um das heutige Dorf Sohren nahe dem Städtchen Kirchberg erhielten einige hundert sarmatische Reiterkrieger und ihre Familienangehörige und ihr nichtadliges Gefolge Land zur Niederlassung angewiesen. Von dort aus sollten sie die damaligen „Hunsrück-Höhenstraße" zwischen den beiden wichtigen römischen Städten (südlich der Mosel) bewachen und feindliche Angriffe zurückschlagen.

Das lässt sich heute noch mit großer Sicherheit nachweisen. Das erste Indiz sind Hinweise in dem berühmten „Moselgedicht" des spätlateinischen Dichters Ausonius. Darin beschreibt er eine Reise, die ihn vom Rhein (Mainz) auf der Römerstraße über den Hunsrück nach Trier, der damaligen Hauptstadt des weströmischen Kaiserreichs, führte. Diese Reise dürfte im Jahr 368 n. Chr. stattgefunden haben; der Dichter schilderte in seinem Werk vor allem die Schönheit des Moselgebiets.

Einige Verse berichten von der offenbar kurz zuvor erfolgten Ansiedlung von Sarmaten auf der Hochebene des Hunsrück. In deutscher, sogar gereimter Übersetzung lauten die Zeilen [48]:
„Vorbei gings an Dumnissus, verdörrt vom Brand der Sonnen,
Vorbei auch an Tabernae mit seinen kühlen Bronnen,
Vorbei auch an der Siedlung, die jüngst man zugemessen
Sarmatischen Völkern hat, die jetzt hier angesessen,
und endlich an der Grenze von Belgien grüßt die Gäste ... "

Die genannten Orte waren römische Dörfer auf der Hunsrück-Höhe; die Grenze zwischen den römischen Provinzen Germania Prima und Belgica Prima verlief auf dieser Höhe. An Ort und Stelle sind die Sarmaten keineswegs vergessen worden. Ein Heimatforscher, ein Pfarrer Heep, behauptete schon 1852, die Hunsrück-Dörfer Sohren, Niedersohren, Sohrschied und Sohrbach würden ihre Namen von den Sarmaten ableiten, und die Bewoh-

---

[48]   Gustav **Schellack**, Willi **Wagner**, *Sohren – Chronik einer Hunsrück-Gemeinde*, Simmern 1981, S. 30 ;

ner würden sich nach Aussehen, Wohn- und Lebensweise von den Hunsrück-Bauern ringsum unterscheiden [49].

Die adligen Offiziere dieser Sarmaten scheinen aus einem Stamm gekommen zu sein, der als Unterscheidungs-Abzeichen blau-weiß karierte Mäntel trug. Jedenfalls hat diese römische Heereseinheit über die viel spätere „Hintere Grafschaft Sponheim", die dort lag, blau-weiße „Schachbalken" in die Heraldik der Gegend eingebracht. Die „vordere Grafschaft" hatte rot-weiße Schachbalken (siehe dazu S. 75). Zahlreiche Gemeinden dort haben noch heute blau-weiß bzw. rot-weiß karierte Wappen.

Die eingewanderten Fremden scheinen einen „genetischen Marker" an ihre Nachkommen vererbt zu haben, bis heute. Es gibt eine Erbkrankheit, das sogenannte „Fehler 5-Leiden", das offenbar nur bei Männern auftritt. Ihr Blut gerinnt dabei sehr schnell, das bot einst Vorteile bei Verletzungen, aber Nachteile für älter werdende Männer, von denen dann viele zwischen 50 und 60 Jahren an Herzinfarkt starben.

Nur bei 5 – 10 Prozent aller Europäer, vor allem in Nordeuropa, soll diese erbliche Mutation auftreten, besonders häufig aber bei Osseten im Kaukasus, den Nachkommen der sarmatischen Alanen. Und verschiedene Familien im Hunsrück, vor allem solche, deren Vorfahren einst adlig waren, weisen heute noch die gleiche Besonderheit auf [50]

---

[49] **Schellack, Wagner**, a.a.O., S. 31
[50] Diese Information verdankt der Autor dem Leser Heinz **Schönenberg,** der selbst an diesem Erbfehler leidet und von alten Adelsfamilien aus dem Hunsrück abstammt, wie er durch Ahnenforschung weiß. Auch ein Dorf Schönberg gibt es im Hunsrück, 12 Kilometer südwestlich von Bingen.

4. 80 Jahre Hunnen-Not

Im Jahre 375 n. Chr. „kamen die Hunnen". So steht es in jedem Geschichtsbuch. Von diesem Volk schrieben die griechischen und lateinischen Autoren von Konstantinopel bis Sevilla in Spanien, obwohl es als feindliches Heer nur zweimal ziemlich kurz und auch nur ganz am Ende seiner Schreckensherrschaft das Gebiet des weströmischen Reiches betrat, und auch das oströmische Reich fühlte sich zwar bedroht, konnte aber ernste Gefahr für sein Gebiet durch reichliche Bestechungszahlungen meistens verhindern.

Umso schwerwiegender waren die Auswirkungen auf die beiden römischen Reiche durch die Flucht zahlreicher Völker vor den Hunnen, die nach Süden und Westen führte und die letztendlich den Zusammenbruch wenigstens des Weströmischen Reiches verursachte. Das war der Beginn der „Völkerwanderung". So heißt die Zeit im deutschen Sprachgebrauch, und für Deutsche ist es selbstverständlich, dass dabei nur germanische Völker wanderten; jedoch hat es ähnliche Wanderungen gleichen Ausmaßes und ähnlicher Auswirkungen schon viel früher gegeben. In der Zeit von 375 an waren es allerdings tatsächlich hauptsächlich Völker mit germanischen Sprachen, die ins römische Gebiet einfielen und über die die zeitgenössischen Schriftsteller berichteten.

W e r diese Hunnen waren, darüber streiten die heutigen Historiker noch immer. Waren es Vorfahren der heutigen Mongolen oder der heutigen Türken oder was sonst ? Ihre Sprache kennt man praktisch überhaupt nicht. Sicher ist nur, dass dieses Volk irgendwo in den Weiten des östlichen Sibiriens herangewachsen sein muss. Genetisch und auch sprachlich hatte es nichts mit den berittenen Hirten indoeuropäischer Sprache zu tun, die mit einigen tausend Kilometern Abstand ebenfalls in Innerasien entstanden waren.

Als die Hunnen im Gesichtskreis der europäischen Kulturvölker (Römer und Griechen) auftauchten, hatten sie zwar eine ähnliche Lebensweise wie die oben beschriebene der Sarmaten: die Männer ritten auf Pferden, und das Volk hatte als „Nomaden" keine festen Wohnsitze, sondern benutzte Zelte. Aber der kulturelle .Hintergrund und der Sinn, den die hunnischen Männer und Krieger in ihrem Leben sahen, war völlig anders als der bei den indoeuropäischen Sarmaten.

Woran diese völlig andere Lebensauffassung lag, kann hier nicht näher untersucht werden; die historische Wissenschaft hat sich auch kaum damit beschäftigt. Doch die Geschichte zeigt, dass a l l e Völker, die in den Jahrhunderten nach dem Hunnensturm aus der gleichen Ursprungsgegend bis nach Osteuropa vordrangen, dem gleichen Schema folgten: der jeweilige König oder Anführer m u s s t e der „Herr der Welt" werden, oder wenigstens aller erreichbarer Nachbarvölker. Das galt eben für die Hunnen, für die Awaren (ab etwa 600 n. Chr.), die Türken (ab etwa 1000) und die Mongolen (ab etwa 1200). Vieles spricht dafür, dass sie genetisch und kulturell aus der gleichen Wurzel kamen.

Die berittenen Krieger aller dieser Völker waren begierig, diesen „Weltherrschaftsanspruch" ihrer Anführer zu unterstützen, fiel doch für sie dabei reichliche Beute bei den Plünderungszügen ab, die untrennbar mit der Durchsetzung dieses Anspruchs verbunden waren. Das ist es, was im Gedächtnis des Abendlandes diese Völker – und zu allererst die Hunnen – festgebrannt hat.

Jedenfalls setzten die Hunnen mit vielen zehntausenden ihrer Krieger ab dem Jahr 375 von ihren Wohnsitzen östlich der unteren Wolga her zum Sturm auf die Nachbarvölker westlich von ihnen an. Die Gründe für diesen plötzlichen Ausbruch sind wieder unbekannt.

Die Menschen, die in der Stoßrichtung der hunnischen Reiterheere zwischen Wolga und Donau lebten, hatten nur drei Möglichkeiten.

Sie konnten sich sofort und ohne die Andeutung einer Gegenwehr den Hunnen unterwerfen. Die Bauern unter den Bewohnern der Schwarzmeerregion, die es ja auch recht zahlreich gab, werden das alle getan haben; sie hätten keinerlei Chancen in einem Kampf gegen die schnellen Reiter gehabt. Dann hatten sie ihre Überschüsse und vielleicht auch etwas mehr an die hunnischen Herren zu liefern, für ihre Pferde und für ihre Krieger, aber sie wurden dann vermutlich nicht weiter mit Mord und Plünderung bedroht.

Ein Heer von Reitern konnte sich todesmutig zum Kampf gegen die Hunnen stellen. Die Ostgoten haben das unter ihrem König Ermanerich getan, doch die hunnische Übermacht war zu groß. Nach dem Verlust zahlreicher ihrer eigenen Reiterkrieger mussten auch diese Goten wohl oder übel die Oberherrschaft der Hunnen akzeptieren.

Oder man musste flüchten, mit dem ganzen Volk, sofern das noch rechtzeitig gelang. Dies taten die Westgoten, die schon länger im heutigen Rumänien gelebt hatten, und die ein oder zwei Jahre mehr Zeit gehabt hatten, sich auf das herannahende Unheil vorzubereiten, als ihre gotischen Vettern weiter im Osten. Denn so lange dauerte es schon, bis die Hunnen die gut 2000 Kilometer von der Wolga bis zur Donaumündung zurückgelegt hatten, stets plündernd, mordend und kämpfend.

Auf jeden Fall steht es fest: Mit vollem Recht haben die Völker das Auftauchen der Hunnen in Europa als den tiefsten Einschnitt in der Geschichte betrachtet. Damit eigentlich endete die so genannte Antike und eine neue Zeit, das Mittelalter, begann.

Man weiß, dass die Hunnen wohl erst um das Jahr 407 in der ungarischen Tiefebene, der Pußta, relativ feste Wohnsitze bezogen haben, der letzte Hunnenkönig Attila hatte dort seinen „Ring", die im Kreis um seinen „Palast" – wohl eine riesige Zelt-Konstruktion – angeordneten Wagen und Jurten der hunnischen Familien. Vermutlich hatten andere Hunnen von Osten her das böhmische Becken betreten und sich auch dort ausgebreitet. Doch Näheres darüber weiß man nicht.

Lebten die Hunnen ganz allein dort ? Ganz gewiss nicht. Die Reiterkrieger dieses Volkes dachten natürlich nicht daran, selbst zu arbeiten. Dazu waren die „Herren der Welt" ja nicht geschaffen. Sie mussten sich, ihre Pferde und ihre Familien von den Bauern und Hirten versorgen lassen, die schon vorher dort lebten und die sich wohl oder übel den Hunnen hatten unterwerfen müssen. Und das waren eben keineswegs nur germanische Völker, wie auch moderne Historiker aus den bruchstückhaften Berichten antiker Autoren geschlossen zu haben scheinen.

Niemand weiß, wie das Zahlenverhältnis zwischen den germanischen und den sarmatischen Bewohnern des riesigen Gebietes zwischen Don und mittlerer Donau damals war; vermutlich waren die Sarmaten in der Überzahl. Aber auch sie mussten sich dem Herrschaftsanspruch der Hunnen beugen, Lebensmittel, Pferde und für Kriegszüge ihrer Herren auch viele Reiter liefern.

Wenn das widerspruchslos geschah, ließen die Hunnen vermutlich ihre Vasallen ziemlich in Ruhe. Von den zahlreichen Plünderungszügen der Hunnen, die sie in dieser Zeit vorwiegend gegen Ostrom unternahmen, bekamen sie wahrscheinlich nur mit, dass immer wieder eigene Krieger den Hunnen folgen mussten und – so kann man sich das wahrscheinlich vorstellen – in den Kämpfen möglichst als Erste „verheizt" wurden.

Die Schätze, die die hunnischen Krieger bei diesen Zügen erbeuteten und die Goldmünzen, die vor allem das Oströmische Reich Jahr für Jahr als „Geschenk" übersandte, landeten wohl ausschließlich in den Zeltpalästen der hunnischen Könige. In Wirklichkeit waren diese „Geschenke" natürlich der Versuch, sich mit Geld wieder ein Jahr Frieden zu erkaufen.

Vermutlich verliefen diese Jahre der hunnischen Oberherrschaft für die einfachen Bauern und Hirten der unterworfenen Völker in Osteuropa in ereignislosem Gleichmaß, aber auch in Armut. Für die adligen Führungsgruppen der „Fremdvölker" wird das allerdings oft nur mit zusammengebissenen Zähnen zu ertragen gewesen sein. Aber die militärische Übermacht der Hunnen musste jeden Gedanken an Rebellion oder auch nur an eine Fehde mit einem eigentlich verfeindeten Nachbarstamm sofort ersticken. Auch eine Flucht eines Vasallenvolkes aus dem Machtbereich der Hunnen wäre sicher schon im Ansatz gescheitert, weil eine Horde hunnische Reiterkrieger dann mit aller Grausamkeit unter den Flüchtenden gewütet hätte.

Mehr Gelegenheit, ihre Flucht vorzubereiten als die Völker im Nordosten der Balkanhalbinsel hatten verschiedene Bevölkerungsgruppen im pannonischen (ungarischen) Tiefland zwischen Donau und Theiss, im böhmischen Becken und in Schlesien. Denn hier machte sich hunnischer Druck erst etwa nach dem Jahr 400 bemerkbar. Aber natürlich wussten die Menschen dort längst, was ihnen bevorstünde, wenn die fremden Reiter auch bei ihnen einfielen. Und dass dies geschehen würde, daran ließen alle Gerüchte über die Hunnen, die bei den Völkern am Ostrand des Römischen Reiches die Runde machten, keinen Zweifel.

So ging bei den römischen Behörden in den Provinzen Noricum und Rätien (heute etwa Österreich und Bayern südlich der Donau) im Jahr 401 ein Gesuch von Vandalen und Alanen aus dem heutigen Südpolen und Pannonien ein, sich in diesen Provinzen ansiedeln zu dürfen. Doch wieder einmal lehnten der Kaiser oder die Provinzgouverneure das Ansinnen ab, kurzsichtig wie eh und je.

Im Jahr 406, wohl sozusagen „in letzter Sekunde", hatte sich dann eine echte „Völkerwanderung" aus Pannonien und benachbarten Regionen auf den Weg gemacht, um der drohenden Gefahr durch die Hunnen zu entgehen. Vermutlich auf beiden Ufern der

Donau zogen lange Züge von Reitern, Ochsenwagen, Fußgängern und allerlei Vieh nach Westen.

Das Tal dieses Flusses, an dem entlang auch die Grenze des Römischen Reiches verlief, war in jener Zeit die einzige natürliche Landschaft in Mitteleuropa, die einen solchen Ost-West-Marsch von vielen tausenden Menschen und Tieren zuließ. Doch etwa vom heutigen Donauwörth an führte diese einstige „Völkerstraße" dann nach Nordwesten durch das fränkische und Hohenloher Hügelland bis zum mittleren Main und wurde von diesem zum Rhein geleitet

Nach übereinstimmenden Berichten antiker Autoren überquerten die Krieger dieser Völkerwanderung im Winter 406 - angeblich in der Silvesternacht – den zugefrorenen Rhein bei Moguntiacum (Mainz) und überfielen die Hauptstadt der römischen Provinz Germania Prima (Obergermanien). Es gab ein mehrtägiges Plündern und Morden dort, doch dann zog der übermütig gewordene Haufen weiter nach Westen, in das eigentliche Gallien hinein. Die erfolgreichen Krieger unter den Wandernden hatten „Blut geleckt" und plünderten nun eine Stadt nach der anderen im römischen Reichsteil Gallien.

Wie in unseren Geschichtsbüchern steht, handelte es sich bei dieser Völkerwanderung um germanische Vandalen und Sueben sowie um Alanen. Doch aus einem Brief des berühmten Kirchenlehrers Hieronymus an eine Griechin [51] geht hervor, dass sich an dieser einzigen „wahren" Völkerwanderung noch viel mehr „Völker" beteiligt hatten. Der Gelehrte nennt darüber hinaus noch Gruppen von Sarmaten, Gepiden, Herulern, Sachsen, Burgundern und Pannoniern.

Nun lebte Hieronymus zu der Zeit zwar weitab von jeder Gefahr durch Barbaren im sicheren Jerusalem, aber er hatte aus seiner Zeit, die er nicht lange davor in Trier, damals noch weströmi-

---

[51] **Hieronymus**, *Werke,* Brief an Geruchia, CXX III, § 15

sche Kaiserstadt, verbracht hatte, wohl noch viele Briefpartner in ganz Gallien, die ihn gut über die dramatischen Vorgänge des Jahres 407 unterrichteten. Von diesen Volksgruppen oder Stämmen war später nie mehr die Rede. Doch ist das kein Grund, an der Wahrheit der Information zu zweifeln.

Wenn Sarmaten später in Gallien nicht mehr auftauchten, wenigstens nicht im Zusammenhang mit den Plünderungen der Vandalen, Sueben und Alanen, wo sind sie dann geblieben ?

Man darf vermuten, dass die Gruppe der Sarmaten in diesem Zug nur verhältnismäßig klein war – vielleicht nur zwei Dracones mit zusammen 1000 Kriegern und insgesamt 4-5000 Menschen. Wenn man dies und die anderswo beschriebenen Charakteristika dieses Volkes in Betracht zieht, kann man zu Schlussfolgerungen kommen, die logisch und plausibel klingen.

Es ist anzunehmen, dass diese Sarmaten auf der Flucht vor den Hunnen natürlich auch ihr Vieh mitgenommen hatten, mehr wahrscheinlich als die anderen Völker, die nicht vorrangig Vieh züchteten. Dann darf man weiter für wahrscheinlich halten, dass diese Sarmatengruppe auf dem langen Weg entlang der Donau ganz an den Schluss des langen Zuges der Völker geraten war, gezwungen durch die Notwendigkeit, ihr Vieh immer wieder eine Weile ruhig grasen zu lassen. Vielleicht waren die angriffslustigen Vandalen und Sueben schon längst über den Rhein gesetzt und hatten das geplünderte Mainz hinter sich gelassen, als die Sarmaten mit ihrem Vieh erst dort ankamen.

Hier könnten sie festgestellt haben, dass sich die Region in weitem Umkreis um die Stadt Moguntiacum, auf allen Ufern von Rhein und Main, ausgezeichnet für einen längeren Aufenthalt für sie eignete. Das Land war fruchtbar und eben, nicht von dichten Wäldern bedeckt, es bot also ihren Tieren die besten Weidemöglichkeiten. Es lebten nur wenige Bauern dort, mit denen sie friedlich Tauschhandel treiben konnten, eine wichtige Bedingung für die normale Lebensweise der Sarmaten. Die römischen Gutsbesitzer waren entweder bei dem Plünderungszug umgebracht worden oder geflüchtet; zurück blieben die armen Landarbeiter, die nun plötzlich keine Herren mehr hatten.

Ganz wichtig war, dass es eine politische Instanz, die den Sarmaten das Bleiben hätte verwehren können, nicht mehr gab. Denn alle Anzeichen deuten darauf hin, dass die römische Provinzverwaltung nach der Plünderung von Mainz sich stillschweigend aufgelöst hatte, wenigstens für viele Jahre. Wohl scheinen noch kleine Gruppen einstiger römischer Söldner in verschiedenen Kastellen am Rhein stationiert gewesen zu sein, die der Völkerzug nicht berührt hatte [52]. Doch ihre Unterstellung unter römische Offiziere und römisches Kommando erlosch nach und nach in dem Maße, wie die Zahlung ihres Soldes ausblieb. Die Söldner setzten sich meist aus Germanen der verschiedensten Herkunft zusammen. Sie hatten keinen Anlass, den Sarmaten Kämpfe zu liefern, solange sich diese friedlich verhielten.

In dieser geradezu ideal erscheinenden Situation haben sich die sarmatischen Dracones vermutlich als militärische Formationen aufgelöst. Die einzelnen kleinen Schwurgenossenschaften verteilten sich auf etwa 10 000 Quadratkilometern rund um die Stadt Mainz, westlich und östlich des Mittelrheins und nördlich und südlich des unteren Mains, oder anders ausgedrückt zwischen Hunsrück und Pfälzer Wald, zwischen Taunus und Odenwald. Hier in den fruchtbaren Ebenen konnten sie ihren Herden genügend ungestörte Weideplätze sichern.

Einen deutlichen Beleg für diese Annahme bilden die vielen Pferdegräber, die Archäologen inzwischen in genau dieser Region gefunden haben. Nur war diese Wissenschaft bisher nicht in der Lage, festzustellen, dass es sich bei dieser merkwürdigen Beisetzungsart für P f e r d e nicht um einen germanischen Brauch

---

[52] A. **Wieczorek,** *Die Ausbreitung der fränkischen Herrschaft in den Rheinlanden*, in *Katalog der Frankenausstellung*, Mannheim 1996, S. 242

handeln konnte. Um den Zusammenhang zwischen diesen Pferdegräbern und den zahlreichen „Schachwappen" in eben dieser Region zu erkennen, muss man allerdings sowohl als Archäologe wie auch als Heraldiker über die Grenzen dieser Wissenschaften hinausblicken können. Im Band **„Die Westfalen und ihr weißes Ross"** dieser Reihe wird die Bedeutung der Pferdegräber und der „Schachwappen" und anderer heraldischer Kennzeichnungen genauer erklärt.

Hier nur so viel: Die Einwanderer des Jahres 407 dürften aus dem alten sarmatischen Stamm der Jazygen gekommen sein und brachten als Zeichen ihrer Adligen ein rot-weißes Schachmuster mit. Nicht nur die „vordere Grafschaft Sponheim" im Hunsrück erbte dieses Zeichen, sondern später auch verschiedene Gemeinden in der Gegend der heutigen Großstadt Frankfurt am Main.

Es dürfte die sarmatischen Einwanderer erstaunt haben, in der Nähe Ansiedler aus ihrem eigenen Volk vorzufinden, die aber schon vor einem halben Jahrhundert dort noch von den Römern angesiedelt worden waren, und die offenbar zu einem anderen Stamm gehörten.

Westlich des Rheins, an der Nahe und bei Worms und Speyer, entstand in karolingischer Zeit eine Grafschaft der Salier, aus der nach dem Aussterben der sächsischen Kaiserfamilie für einige Generationen das nächste Kaiserhaus des „Heiligen Römischen Reiches" stammte. Viel spricht dafür, dass diese Adelsfamilie auch sarmatischer Abstammung war (siehe dazu mehr S. 115).

Auch auf dem Ostufer des Rheins, auf den Ebenen beiderseits der Einmündung des Mains, zwischen Taunus und Odenwald, müssen sich die sarmatischen Hirten Weiden für ihre Herden gesucht haben. In einem damals von einheimischen Germanen nur äußerst dünn besiedelten, aber eigentlich sehr fruchtbaren Land dürfte ihnen das nicht schwer gefallen sein.

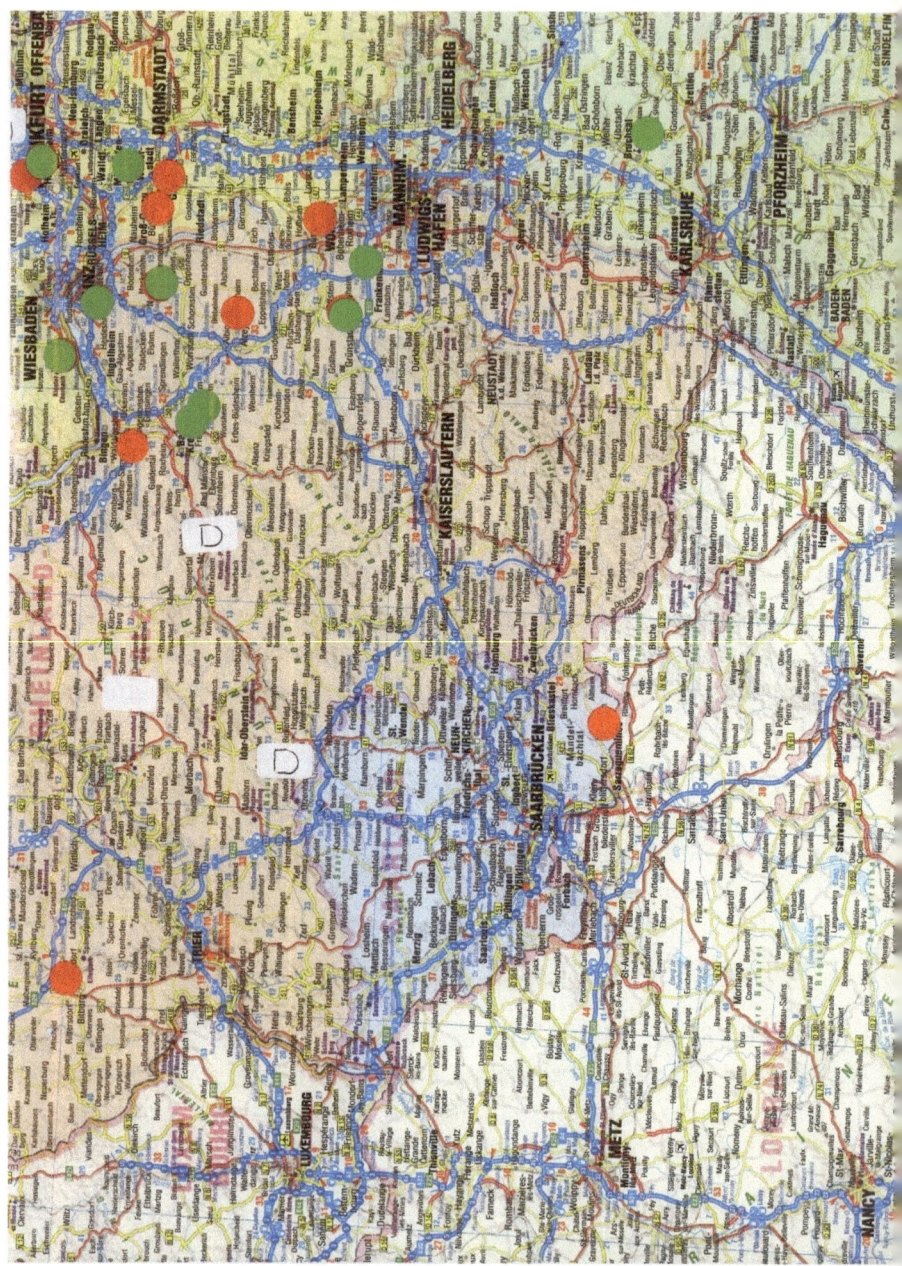

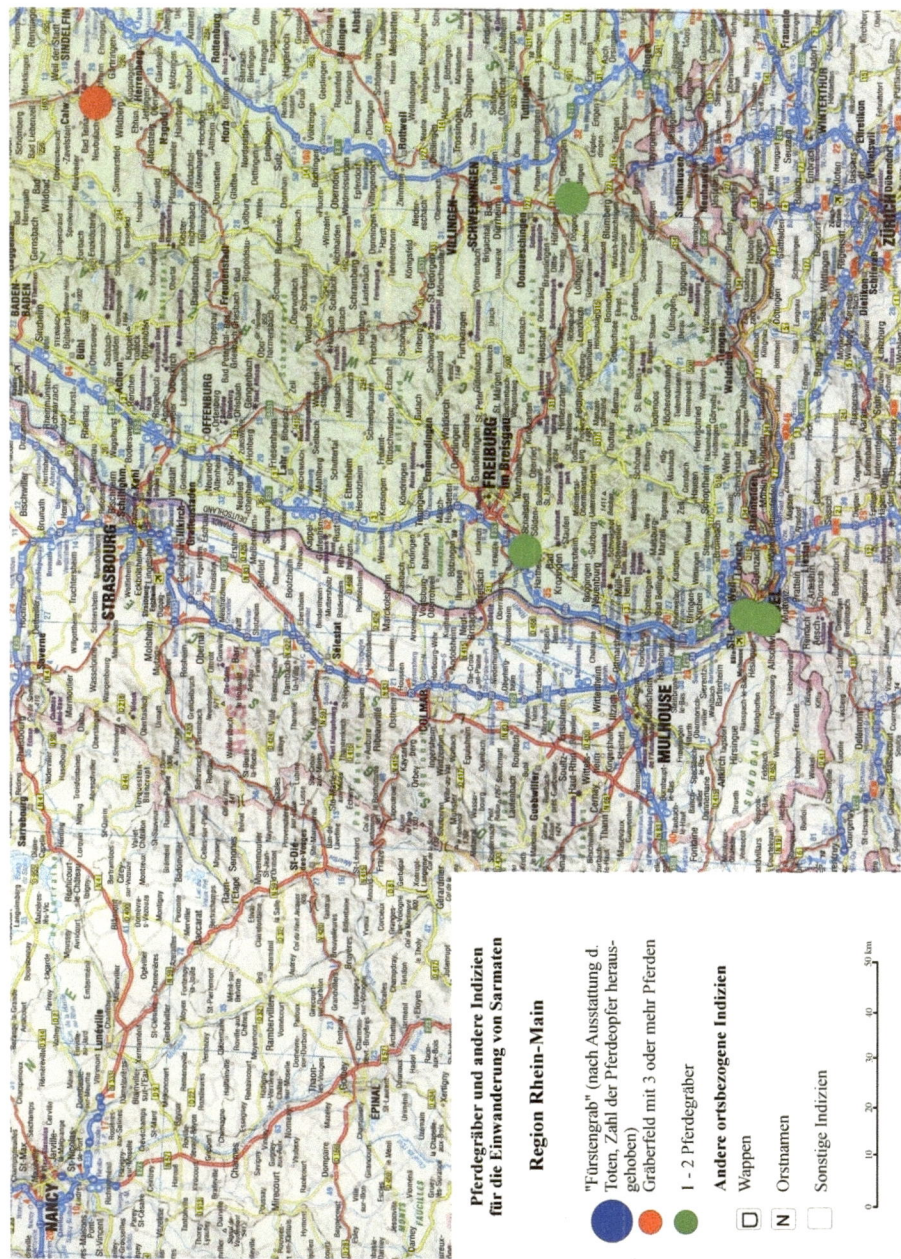

Pferdegräber und andere Indizien
für die Einwanderung von Sarmaten

Region Rhein-Main

"Fürstengrab" (nach Ausstattung d.
Toten, Zahl der Pferdeopfer heraus-
gehoben)

Gräberfeld mit 3 oder mehr Pferden

1 - 2 Pferdegräber

Andere ortsbezogene Indizien

Wappen

Ortsnamen

Sonstige Indizien

0   10   20   30   40   50 km

5. Die Hunnen verschwinden, aber friedlich wird es nicht

Nur gut 80 Jahre dauerte der Schrecken, den die Hunnen in Europa verbreiteten. Irgendwann ging ihre Herrschaft zu Ende. Das zeichnete sich bereits ab, als im Jahr 451 n. Chr. der Hunnenkönig Attila die berühmte „Schlacht auf den Katalaunischen Feldern" im nördlichen Gallien verlor und flüchten musste.

Damit hatte er nach Ansicht nicht nur der Germanen seiner Zeit sein „Heil" verloren, und damit begann seine weltgeschichtliche Bedeutung ins Schwanken zu geraten. Attilas viele nicht-hunnischen Hilfstruppen hatten ihm nicht helfen können, obwohl sie vermutlich mit großem Mut und ungebrochener Vasallen-Treue für ihn gekämpft hatten. Denn auf der römischen Seite hatte der Feldherr Aëtius eine ähnlich große Zahl germanischer und anderer Verbündeter aufbieten können.

Wahrscheinlich haben in dieser Schlacht auf beiden Seiten sarmatische Hilfstruppen gegeneinander gekämpft. Von den Germanen – vorrangig den West- und Ost-Goten – weiß man das sicher. Der einstige sarmatische Draco aus dem Kastell Fanum Martis in Nordfrankreich hat bestimmt auf römischer Seite mitgekämpft, vermutlich befehligt vom „Kronprinzen" Childerich, dem Sohn des Königs Merowech aus der Merowinger-Dynastie.

Im Jahr nach seiner Niederlage in Gallien (452) war Attila noch einmal mit einem Heer in Oberitalien eingefallen und bedrohte den letzten Zufluchtsort der weströmischen Kaiser, Ravenna an der Adria. Vermutlich war es eine Epidemie, die nicht nur die Einwohner des überfallenen Gebiets heimsuchte, sondern genauso das Heer der Hunnen, die König Attila auch hier zum schnellen Rückzug nach Pannonien zwang. Sein Stern war im Sinken, und das bedeutete nach allgemeiner Ansicht in der damaligen Zeit sehr viel.

Ein Jahr später war Attila tot, angeblich im Brautbett nach der Hochzeit mit einer Germanin Hildico gestorben. Dieses Ende des mächtigsten Herrschers seiner Zeit ließ zahlreiche Legenden entstehen. Und wie es bei einem „Staat" geschehen musste, der nur durch den Machtwillen eines Mannes zusammengehalten worden war - - die zahlreichen Söhne Attilas zerstritten sich nach dem Tod ihres Vaters.

Diese Situation nutzten die verschiedenen Germanenstämme aus, die bisher östlich und nördlich der Donau auf der nördlichen Balkanhalbinsel als Vasallen der Hunnen gelebt hatten. Sie traten vereinigt zum Kampf gegen die Hunnen an und siegten über sie in einer Schlacht am Fluss Nedao im Jahr 454. Bis heute weiß niemand, welcher der Flüsse in Ungarn oder südlich davon damit gemeint war. Ob sich auch Sarmaten an dieser Schlacht gegen die hunnischen Herren beteiligt haben, hat leider der Goten-Historiker Jordanes, unsere einzige Quelle, nicht überliefert.

Damit war die Herrschaft der Hunnen auf einen Schlag beendet. Mehrere Gruppen unter überlebenden Söhnen Attilas flüchteten nach Osten, einige verdingten sich beim oströmischen Kaiser als Söldner, wenige andere blieben im Land und wurden nun Gefolgsleute der siegreichen Germanen. Was mit den gesammelten Schätzen im Zeltpalast Attilas geschah, blieb unbekannt.

Die hunnischen Herren waren nun plötzlich fort, aber auch mit dem ereignislosen, friedlichen Leben in der pannonischen Puszta war es vorbei. Denn nun lieferten sich die Germanenstämme, die dort lebten, unaufhörlich wütende Kämpfe. Gepiden gegen Ostgoten, Heruler und Rugier - - im einzelnen sind die Kämpfe und ihr Ausgang und die wechselnden Koalitionen der Stämme nach den spärlichen Andeutungen der antiken Quellen kaum nachzuvollziehen. Außer dem österreichischen Professor Herwig Wolfram, dem anerkannten Fachmann für diese Epoche und Gegend, dürfte kaum jemand genau darüber Bescheid wissen. Es ist ja auch wirklich ein sehr abgelegenes Thema.

Den Lauf der Weltgeschichte dürften die Ereignisse auf der nördlichen Balkanhalbinsel in den gut 30 Jahren zwischen 454 und 488 auch nicht beeinflusst haben. Im letzten der genannten Jahre zogen die Ostgoten unter ihrem König Theoderich von dort ab und fingen an, Italien zu erobern. Damit begann dann allerdings tatsächlich ein neuer Abschnitt der Geschichte. Und doch hatten wahrscheinlich diese Kämpfe zwischen Germanenstämmen in Pannonien eine bisher nicht geahnte Fernwirkung.

6. Ein Volk löst sich auf und wird zu Anführern neuer Völker

Schriftliche Dokumente, etwa Erwähnungen antiker Autoren, verraten es nicht, aber die Vorstellung ist sehr plausibel, dass zumindest ein Teil der Sarmaten in den ungarischen Steppen in diesen Jahren unmittelbar nach dem Ende der Hunnenherrschaft beschloss, dieses plötzlich so unfriedlich gewordene Land zu verlassen. Wieder waren es vielleicht nur einzelne kleine Gruppen, jeweils zwei oder drei Dracones aus einem der Sarmatenstämme, die sich aufmachten, zusammen mit ihren Viehherden in ein Land zu trecken, in dem nicht ständig Krieg herrschte.

Auch wenn es weder Buchdruck noch Fernsehen gab, darf man annehmen, dass die adligen Anführer dieser Sarmatengruppen über die Lebensumstände in anderen Teilen Europas durchaus Bescheid wussten. Immer wieder hatten reisende Kaufleute von dieser oder jener fremden Gegend erzählt, und wenn es sich um Gebiete handelte, wo größere Viehherden satt werden konnten, hat man solches Wissen sehr wohl im Kopf behalten.

Der Weg nach Westen war klar, denn andere Himmelsrichtungen waren entweder durch die streitenden Germanenstämme versperrt, oder – wahrscheinlich – begannen damals schon die kleinen Gruppen slawisch sprechender Menschen aus der Waldzone im heutigen Galizien und Weißrussland sich nach Süden, auf die Balkanhalbinsel hin, auszudehnen

So mag denn schon um das Jahr 455 ein größerer Zug von Sarmaten durch das heutige Mähren und Böhmen nach Westen gewandert sein. Den friedlichen und raschen Durchzug durch diese damals ebenfalls von Germanen (Langobarden?) beherrschten Gebiete erkaufte man sich wahrscheinlich, indem man einen kleinen Teil der Herden von Rindern, Schafen und Pferden als Entgelt für das vorübergehende Leerfressen von Weiden anbot. Die Entfernung bis zum geplanten Ziel war übrigens nicht größer als für die berühmten Cowboys in den USA, die in den 70er Jahren des 19. Jahrhunderts nach dem Mästen ihrer Rinder im Sommer in Texas die Herden im Herbst nach Norden bis zur nächsten Eisenbahn treiben mussten, etwa 700 - 800 Kilometer.

Der Weg führte an den Flussläufen der March (Morava) und dann der jungen Elbe entlang, durch den Engpass des Elbsandsteingebirges. War der überwunden, dann war der Weg nach Nordwesten offen, zwischen Harz und Thüringer Wald bis zur mittleren Weser und von dort auf die fruchtbaren Weiden des östlichen Westfalen. Diese „Völkerstraße" war neben dem Donautal damals der einzige Weg in ganz Mitteleuropa, bei dem keine hohen Berge, keine undurchdringlichen Wälder oder Sümpfe das Vorankommen für eine große Gruppe von Menschen und Tieren erschwerten.

Im östlichen W e s t f a l e n, zwischen den Oberläufen von Ruhr und Lippe, scheinen die Sarmaten mit ihren Herden vorläufig angehalten zu haben. Was sie dort erlebten, und vor allem, wie diese „unglaublich" klingende Behauptung begründet wird, das kann ausführlicher im Band 2 dieser Reihe **„Die Westfalen**

und ihr weißes Ross" nachgelesen werden. Dort sind die vielen, sehr unterschiedlichen Indizien gesammelt, die für diese bisher unbekannte Einwanderung kleiner Gruppen eines fremden Volkes sprechen.

Es darf vermutet werden, dass auch diese Auswanderer aus dem alten Stamm der Jazygen kamen, von denen vorher schon Gruppen ins Rhein-Main-Gebiet ausgewandert waren.

Mehr als ein Jahrhundert später dürften sarmatische Hirten von dieser Gegend Westfalens aus nach Norden gezogen sein. Wahrscheinlich waren es oft zweite Söhne von adligen „Gutsherren", die es aus unterschiedlichen Gründen nicht mehr im längst zur Heimat gewordenen Westfalen hielt. Sie hatten keine so weiten Wege mehr. In den Ebenen Norddeutschlands zwischen unterer Weser und unterer Ems, also im heutigen N i e d e r s a c h s e n , fanden sie neue geeignete Weideflächen für ihr Vieh. Mit den dort lebenden germanischen Bauern des Volkes der Sachsen haben sie sich offenbar relativ friedlich geeinigt und wurden zur Adelskaste dieses Volkes. Genaueres hierzu wird im Band **3** dieser Reihe dargestellt. Der berühmte „Sachsen-Herzog" Widukind war ein Nachkomme dieser sarmatischen Auswanderer.

Eine zweite Stoßrichtung könnte von Westfalen aus zum N i e d e r r h e i n und an diesem entlang von Süden her in die Niederlande geführt haben. Auch hierfür gibt es etliche eindrucksvolle Indizien. Sie sind ebenfalls im Band 2 der Reihe dargestellt. Wahrscheinlich geschah diese Ausbreitung schon unter der Herrschaft der fränkischen Könige im 6. und frühen 7. Jahrhundert.

Vielleicht nur wenige Jahre nach dem ersten Zug, dem nach Westfalen, scheint ein zweiter großer Zug von Sarmaten den gleichen Weg von Pannonien her angetreten zu haben. Er könnte etwa um das Jahr 456 stattgefunden haben.

Auch die Gründe für ihr Auswandern dürften die gleichen wie für ihre Vorgänger gewesen zu sein, denn immer noch lieferten sich Germanenstämme blutige Kämpfe in der pannonischen Steppe. Die an diesen Kämpfen nicht beteiligten Sarmaten muss es erbittert haben, wenn immer wieder ihre Herden beim friedlichen Grasen durch ein durchziehendes Germanenheer aufgestört und in ein gefährliches „Stampede" getrieben wurden. Vielleicht bedienten sich diese Germanenheere auch großzügig aus dieser „an den Weg gelieferten Verpflegung", ohne dafür zu bezahlen.

Einige Anzeichen deuten darauf hin, dass dieser zweite Sarmatenzug zu einem anderen Stamm gehörte als der erste, der bis Westfalen gelangt war. Vermutlich waren es Gruppen aus dem alten Stamm der Roxolanen.

Den „Zwangsweg" längs der March und der Elbe verließ dieser Zug offenbar, als er in den fruchtbaren Ebenen südlich des Harzes angekommen war. Seine Menschen und Herden scheinen sich dann innerhalb weniger Jahre über das heutige T h ü r i n g e n nördlich des Thüringer Waldes sowie das westliche Sachsen-Anhalt ausgebreitet zu haben.

Die adligen Anführer der Sarmatengruppen dieses Zuges müssen sich dort sehr bald zu Fürsten und zu Königen der hier ansässigen germanischen Thüringer gemacht haben. Wie das wohl geschah, welche Folgen das hatte und aus welchen Anzeichen man das schließen kann, sollte man in Band **4** dieser Reihe nachlesen: **„Thüringen war einmal ein Königreich".**

Und noch ein dritter größerer Zug von Sarmaten ins heutige Gebiet Deutschlands in diesen Jahren lässt sich aus den Funden von Pferdegräbern und anderen Indizien erschließen.

Hierzu existiert sogar ein Hinweis aus der Gotengeschichte des Jordanes, den man allerdings nur verstehen kann, wenn man ihn in die hierzulande kaum bekannten Einzelheiten der verworrenen Geschichte des weströmischen Reiches in seinen allerletzten Jahren einordnet und auch sonst noch einige Hinweise beachtet. Im Einzelnen werden diese Indizien im Band 5 der Reihe beschrieben (**„Die Schwaben – Ein Volk entsteht aus zwei ganz verschiedenen Teilen**). Hier soll nur kurz der vermutete Ablauf erzählt werden.

Kurz nach der Hunnenzeit scheint ein weiterer Sarmatenstamm, wahrscheinlich mit dem Namen Turker (oder Turkilinger), in der Nähe des heutigen Belgrad an der Donau ansässig gewesen sein. Der Name dieses Stammes darf keinesfalls mit den späteren Türken verwechselt werden, doch gerade das haben mittelalterliche (lateinisch schreibende) Historiker und die unkritischen heutigen Historiker selbstverständlich getan.

In einer Schlacht, vermutlich im Jahr 468, kamen die Könige Beuka und Babai dieses Stammes der Turker einer Koalition von germanischen Suawen (Sueben), Skiren, Gepiden und Rugiern in einer Schlacht gegen die Ostgoten zu Hilfe, doch verlor die Koalition diese Schlacht. So berichtet jedenfalls der Goten-Historiker Jordanes [53].

Diese Erwähnung von sarmatischen Königen scheint fast die letzte gewesen zu sein, die sich in antiken Schriftquellen findet. Die allerletzte ist wohl die, dass der aus seiner zehnjährigen ehrenvollen Geiselhaft in Konstantinopel zurückkehrende ostgotischer Königssohn Theoderich unterwegs, angeblich ohne das Wissen seines Vaters, des Ostgotenkönigs Thiudemir, bei Singidunum (Belgrad) gegen den *„König der Sarmaten, Babai"* gekämpft und ihn besiegt und getötet habe [54]. Das müsste im Jahr 469 gewesen sein [55].

---

[53] **Jordanes**, *Gotengeschichte*, übersetzt von Dr. Wilhelm Martens, 2. Aufl., (Historiker des deutschen Altertums), Kap. 54 (LIV).
[54] **Jordanes**, Kap. 55 (LV)
[55] J. **Lebedynsky**, *Les Sarmates*, nennt die Jahreszahl 470.

Der Hass der siegreichen Ostgoten nach ihrer Schlacht gegen die germanische Kampfkoalition muss besonders gegen die feindlichen Suawen oder Sueben riesengroß gewesen sein. Denn Jordanes berichtet gleich im Anschluss daran über einen Kriegszug Thiudemirs gegen die Stammsitze dieser Suawen oder Sueben, den er im folgenden Winter unternahm, also wohl 469 [56].

Auf dem Eis der zugefrorenen Donau sei ein Gotenheer diesem Strom bis fast zu seiner Quelle (im Schwarzwald !) gefolgt und habe die Länder der Suawen und Alamannen, die dort benachbart lebten und verbündet waren, *„verheert und fast unterworfen",* ehe es siegreich wieder nach Pannonien zurückkehrte. Wie bei ähnlich beschriebenen römischen „Siegen" über feindliche Barbaren werden deren Verluste außer angezündeten Dörfern nicht überwältigend groß gewesen sein.

Von den 468 und 469 besiegten Sarmaten (Turkilingen ?) war später keine Rede mehr, aber es lässt sich denken, dass Überlebende dieses Stammes sich zu dem Söldnerführer Odoaker aus dem Stamm der germanischen Skiren geflüchtet hatten, der genau zu dieser Zeit irgendwo anders auf der Balkanhalbinsel alle möglichen Reste germanischer und anderer Krieger sammelte, um sie bald danach nach Italien zu führen und in den Kämpfen um die weströmische Kaiserkrone einzusetzen. Auch Odoaker war ein erbitterter Feind der Ostgoten, genau wie die sarmatischen Turkilingen und die Sueben. Von Jordanes wird dieser Germanenfürst sogar als „rex Turcilingorum" bezeichnet.

Dieser Odoaker hatte dann im Jahr 476 den letzten weströmischen Kaiser, den jugendlichen Romulus Augustulus, abgesetzt und ließ sich von Ostrom als neuer Schutzherr des Westens bestätigen, ohne Kaiserkrone, die er als Germane und Arianer nie hätte tragen können. Zu seinem Machtbereich gehörten auch noch nördlich der Alpen die Provinzen Noricum und Raetien bis zur

---

[56] **Jordanes,** Kap. 55 (LV)

Donaugrenze. Dort in Raetien lebten Teile des großen Sueben-Stammes, von dem Gruppen sowohl einst nach Pannonien gezogen waren wie auch 70 Jahre früher mit dem Vandalen nach Gallien und weiter nach Spanien.

Um diese natürlichen Verbündeten Odoakers zu stärken, dürfte der neue „König von Italien" andere Ostgoten-Feinde aus seinem Heer, nämlich die sarmatischen Turkilingen oder Turkerer, in deren Gebiet geschickt haben. Dort haben sie sich nördlich und südlich der oberen Donau niedergelassen, mitten unter den suebischen Bauern. Die vielfältigen Hinweise, die diese Behauptung stützen, werden im Band 5 dieser Reihe näher beschrieben. .

In den folgenden Jahrhunderten dürfte den sarmatischen Adligen aus dem Volk der Turkilinger mehr oder weniger von selbst die Herrschaft über die germanischen Bauern vom Stamm der Sueben zugefallen sein. So wurde der neue „deutsche" Stamm der Schwaben daraus.

7. Sarmaten – Völkergründer in Osteuropa

Die im letzten Kapitel nur kurz behandelten Vorgänge werden in besonderen Bänden dieser Buchreihe ausführlicher dargestellt, weil schließlich deutsche Leser genauer wissen möchten, was hier einstmals vor sich ging und was die so unglaublich klingenden Behauptungen beweisen kann.

Doch auch in Osteuropa, ja sogar in Nordeuropa spielten sich zur etwa gleichen Zeit Ereignisse ab, die auf das Gleiche hinausliefen: Sarmatische Adlige machten sich, unterstützt von kleinen Gruppen ihres Volkes, nach und nach zu Anführern von Bauern fremder Sprache und Kultur und trugen so zum Entstehen vieler neuer Völker in jener Umbruchzeit nach dem Ende des von den

Römern bestimmten „Altertums" bei. Dabei war der Weg an die Spitze der neuen Völker offenbar nirgendwo von brutaler Gewalt, von Krieg und Eroberung begleitet, sondern vollzog sich friedlich, mit nur kurzen Phasen der gegenseitigen Gewöhnung der Menschen verschiedener Kultur aneinander.

Das war wohl auch der Grund, warum man sie fast überall vergessen hat. Es kam hinzu, dass sich das alles außerhalb der Gebiete abspielte, an denen damals lateinisch oder griechisch schreibende Autoren noch Interesse hatten.

Diese Vorgänge in Osteuropa müssen hier ein wenig ausführlicher als die im späteren Deutschland behandelt werden, eben weil es hierfür keine eigenen Bände der Buchreihe gibt, und auch, damit die deutschen Leser verstehen, was sich an den verschiedensten Stellen unseres Erdteils als Teil einer allgemeinen Umgestaltung alter Verhältnisse friedlich vollzog.

D i e s e Vorgänge sind bisher von der d e u t s c h e n Geschichtsforschung praktisch völlig übersehen worden, die immer noch mit Scheuklappen die „Germanen" als die allein bewegenden Kräfte im frühesten Mittelalter in Europa begreift, allen neuen Tendenzen nach dem Zweiten Weltkrieg zum Trotz In Ländern wie Polen oder Kroatien wäre die Überschrift dieses Kapitels keine große Überraschung.

Vielleicht ist es daher angebracht, zunächst kurz zu erwähnen, warum in einigen Ländern O s t europas die Abstammung von Sarmaten allgemein akzeptiert wird. Genauer ist damit gemeint, dass die einschlägige Forschung dort heute weitgehend die Sicht teilt, dass diese Völker im Frühmittelalter aus einer Grundstruktur slawisch sprechender Menschen unter Führung einer kleinen Adelsschicht aus dem Volk der Sarmaten entstanden.

P o l e n ist die Nation in Osteuropa, bei der noch heute das Andenken an sarmatische Vorfahren am deutlichsten wach ist. Die allerfrüheste Geschichte dieses Volkes ist von den zuständigen Wissenschaften immer noch nicht vollständig aufgeklärt und soll hier auch nicht näher beleuchtet werden.

Fest steht aber, dass vom Mittelalter bis weit in die Neuzeit hinein eine Art „polnische Adelsrepublik" bestand, unter einem g e w ä h l t e n König (!), deren Träger, die Adligen, sich bewusst als Nachkommen von S a r m a t e n empfanden [57]: *„Der ,Sarmatismus' wurde zum Synonym des Brauchtums und der geistigen Kultur dieser polnischen Adelsrepublik"* zwischen dem 10. und dem 18. Jahrhundert, heißt es in einer anderen neuen Information über Polens Geschichte [58].

Von einer „national slawisch" bestimmten Wissenschaftsrichtung in Polen ist dieser „Sarmatismus" zeitweise als „historische Fiktion" und „reiner Mythos" in Zweifel gezogen worden; man verwies darauf, dass diese Behauptung angeblich erst im 16. Jahrhundert durch ein lateinisch geschriebenes Werk eines Italieners begründet worden sei [59].

Derartige Argumentationen sollten wir Deutsche kennen und äußerst vorsichtig ihnen gegenüber sein. Bei uns hätten wohl die „Germanophilen" unter den Wissenschaftlern im 19. und im 20 Jahrhundert ganz ähnlich reagiert, wenn sie mit den Behauptungen konfrontiert worden wären, die in diesem Buch näher begründet werden. Im wissenschaftlich etwas offeneren 21. Jahrhundert passiert so etwas ja nicht …..

In unserem Nachbarland Polen scheint es so gewesen zu sein, dass im 6. Jahrhundert Gruppen mit slawischer Sprache in einer Landschaft zwischen den Quellen der Weichsel, des Dnjestr und

---

[57]   Internet: Kurzinformationen über Polen: www.wroclaw.life.com, 2008

[58]   Internet: www.sarmacja.pl.de/historia, 2008

[59]   Es handelt sich um das Buch des Italieners Alexander **Guagnini,** *Beschreibung des sarmatischen Europas,* erschienen 1578 in Krakau (lat.), 1611 in einer ins Polnische übersetzten Version: Es enthielt Beschreibungen der Länder Osteuropas, ihrer Geschichte, Geografie, Religion und Überlieferungen (Quelle: **Wikipedia** zum Stichwort Sarmaten, 2010).

der Theiss, also nördlich der Karpaten, lebten oder erst einwanderten. Man nannte das Gebiet später Galizien, heute ist es geteilt zwischen Polen, Weißrussland, der Ukraine, Rumänien und der Slowakei. Dort verblieben waren aber nach der im vorigen Kapitel beschriebenen Hunnenzeit auch Gruppen s a r m a t i s c h e r Hirten zu Pferde, oder sie zogen gleichzeitig dorthin, wie im vorigen Kapitel beschrieben, um den Kämpfen zwischen ihren germanischen Nachbarn zu entgehen. Die adligen Anführer dieser Sarmaten machten sich dann offenbar zu Herren der slawisch sprechenden Bauern.

Wenn noch tausend Jahre später, bis ins 18. Jahrhundert hinein, die für das Leben der Bevölkerung maßgeblichen Adelsfamilien in Polen behaupteten, von Sarmaten abzustammen, dann dürfte das keine neuzeitliche Erfindung gewesen sein, sondern eine lebendige Erinnerung in diesen traditionsbewussten Geschlechtern.

Sie haben übrigens in den Formen ihrer Familien-Wappen bis heute einen sichtbaren Beweis ihrer Abstammung von einem antiken Reitervolk bewahrt, die sogenannten „Tamgas". Sie weichen völlig von den sonst in Europa üblichen heraldischen Formen für Adelswappen ab.

Beispiele für polnische Adelswappen

Tamgas (nach einem türkischen Wort) waren ursprünglich einmal Brandzeichen, die Reiter- und Viehzüchter-Völker von Innerasien bis Osteuropa seit dem Altertum ihren Tieren aufdrückten, um ihr Eigentum daran zu kennzeichnen. Diese Zeichen konnte ein geschickter Schmied leicht aus einigen Eisenplättchen herstellen.

Zahlreiche Beispiele für Formen derartiger s a r m a t i s c h e r Tamgas finden sich im Buch des Sarmatenforschers J. Lebedynsky [60], sowie Abbildungen von Brandeisen nach archäologischen Funden.

Einen interessanten Beitrag zur Gesellschaftsform der alten Sarmaten steuert – sicher unbewusst – der Heraldiker Leonhard bei [61], indem er feststellt, die „Wappen" der polnischen Adligen seien in etwa 200 großen Gruppen zusammengefasst, mit je einer gemeinsamen Wappenfigur, dem „Herb". Jeder dieser Wappengruppen gehörten zahlreiche Geschlechter an, vielfach sogar von verschiedener Abstammung und mit verschiedenen Namen. *„Sie alle führen in einer Art Treueverhältnis die gleiche Wappenfigur im Schild, ohne dass ein genealogischer Zusammenhang nachweisbar ist."*

In diesen Figuren drückte sich offenbar die Gliederung sarmatischer Stämme in verschiedene „Schwurgemeinschaften" aus (siehe oben S. 33 f.) , die wohl in einem mehrfach abgestuften (oder miteinander verzahnten) Treueverhältnis zu einander standen. Hohe Adlige hatten ein Gefolge niederer Adliger, diese wiederum ein solches von Familien aus der unteren „Kaste", jeweils durch Gefolgschaftsschwüre an die Oberherren gebunden. In gewisser Weise mag das vielstufige Lehnswesen des hohen Mittelalters darin schon vorgebildet gewesen sein.

Der von dem Heraldiker Leonhard vermerkte Ausdruck für die p o l n i s c h e n Adelszeichen, „Herb" könnte möglicherweise das original-sarmatische Wort für diese Art von Zeichen sein.

Auf Grund dieser schon früh zu Wappenzeichen gewordenen Tamgas mussten in Polen die sarmatischen Adelsfamilien ihre

---

[60]   J. **Lebedynsky**, *Les Sarmates* ..., S. 208 f.f.
[61]   W. **Leonhard**, Das große Buch der Wappenkunst, Augsburg 2000, S.370

sonst kennzeichnende Mantelfarbe nicht an heutige Gemeinden weitergeben. Aber dennoch lässt sich schließen, dass es wohl Adlige aus dem Sarmatenstamm der J a z y g e n waren, die einst nach dem heutigen Polen auswanderten. Seit dem Mittelalter ist die polnische Fahne und auch das Staatswappen aus den für de Adligen dieses Stammes typischen Farben rot und weiß zusammengesetzt. Und das aus roten und weißen Karos zusammengesetzte Nationalitätszeichen ziert heute das Heck der Flugzeuge der polnischen Luftwaffe. Solche Indizien kann man allerdings erst erkennen, wenn man bereits zahlreiche offensichtlich zusammen gehörige Mosaiksteinchen zum gleichen Thema gesammelt hat.

Polen scheint damit ein Beleg für ein geglücktes Zusammenwachsen zweier Völker ganz verschiedener Kultur und Abstammung im frühen Mittelalter zu sein.

K r o a t i e n ist ein anderes Beispiel. Dieser Staat, aus dem zusammengebrochenen Jugoslawien 1991 hervorgegangen, nimmt bewusst alte Traditionen wieder auf, die dieses Land mit dem Königreich Kroatien verbinden, das einst im Dunkel des Frühmittelalters im Gebiet südöstlich der Alpen entstand.

In den Fachbüchern und -aufsätzen zur Frühgeschichte des k r o a t i s c h e n Volkes fällt das Wort „Sarmaten" offenbar nicht. Aber eine *„iranische Abstammung"* eines beachtlichen Teils dieses Volkes und auch ein starker *„iranischer Einfluss"* auf seine Sprache werden allgemein angenommen.

„Das Geschichtsbild der Kroaten ist aus unterschiedlichen Gründen Jahrhunderte lang verzerrt worden. Vor allem ihre antike Herkunft war unzählige Male Gegenstand politisch voreingenommener Auslegungen und ideologischer Manipulationen. Auch heute noch besitzen wir kein vollständiges Wissen über die Genese des kroatischen Volkes, doch weisen die Etymologie des

kroatischen Namens ‚hrvat' sowie andere kulturelle Indizien (Sprache, Religion) darauf hin, dass die Kroaten aller Wahrscheinlichkeit nach ursprünglich zur iranischen Volksgruppe gehört haben" [62]. Dies erklärt eine moderne Quelle sozusagen „amtlich" zur Herkunft des Volkes.

Nach dem russischen Slawisten Max Vasmer aus dem Anfang des 20. Jahrhunderts soll der Völkername *„chrvat"* auf ein altiranisches Wort *„ (fsa-) haur-vata"* (Viehhüter) zurückgehen.

Neuere Sprachforscher führen den Namen auf das indoarische Wort *„ *sar"* (Frau) und ein Suffix *„ *ma(n)t-/va(n)t"* zurück. Die Form **harvat/hrvat* sei demzufolge etymologisch identisch mit dem Völkernamen „Sarmaten" und bezeichne damit ursprünglich ein matriarchalisches Volk, das von Frauen regiert wurde, wie es für die Sarmaten der Antike in griechischen Texten berichtet wurde [63]. So wird mit dieser Ableitung des Völkernamens Kroaten zugleich die Verbindung mit den einst von Frauen regierten Sarmaten hergestellt wie auch die Bedeutung dieses Völkernamens geklärt (siehe oben S. 22), der wahrscheinlich nur von den Nachbarn (Griechen und Römer) für dieses alte Volk benutzt wurde.

Beide Erklärungen von Philologen widersprechen sich; dies zeigt aber nur, wie unsicher moderne gelehrte Behauptungen in Wirklichkeit oft sind.

Den Erkenntnissen einiger neuerer Geschichts- und Sprachforscher zufolge *„ vermischten sich die iranischen Kroaten* (gemeint: Sarmaten mit einer dem Alt-Iranischen verwandten Sprache) *im Gebiet nordöstlich der Karpaten mit Bevölkerungsteilen der dort ansässigen Slawen"* [64]. Die Herkunftsregion ist interessanterwei-

---

[62]   Internet: www.kroatisches-institut.ch.web (zur kroatischen Geschichte), 2008.
[63]   Internet: **Wikipedia**, Stichwort Kroaten, Das Ethnonym (2008).
[64]   Internet: **Kroatisches Institut**, s. An,. 49, ähnlich J. **Lebedynsky**, Les Sarmates,…, S. 228.

se genau dieselbe, wie sie für die Entstehung des polnischen Volkes angegeben wird (siehe S. 89).

Die Erklärung, die das Kroatische Institut aus den Forschungen heimischer Gelehrter zitiert, fährt fort: *„Aufgrund der Überzahl der Slawen übernahmen die iranischen Kroaten ihre Sprache, behielten aber, weil sie militärisch und kulturell fortschrittlicher waren, auch weiter ihren iranischen Namen."*

Weiter heißt es im Text der modernen Darstellung kroatischer Frühgeschichte: *„„...Vom 4. Jh. an lebten die iranischen Kroaten im Gebiet, das Teile des heutigen Polen, Tschechiens sowie der Slowakei umfasste und ‚Weiß-Kroatien' hieß (‚Weiß' stand für Westen, dieselbe Bedeutung ist vermutlich in den Namen Weißrussland, Weiße Karpaten und Weißes Meer enthalten). Die Hauptstadt war Chordat, das heutige Krakau. Als Byzanz 626 von Awaren und Persern angegriffen wurde, rief der byzantinische Kaiser Heraklius I. (610 – 641) unter anderen die Kroaten zu Hilfe. Als Gegenleistung räumte er ihnen die Inbesitznahme der von den Awaren befreiten Gebiete auf dem Balkan ein. Daraufhin zog ein Teil des kroatischen Volkes nach Süden und ließ sich nach erfolgreich ausgefochtenen Kämpfen in der ehemaligen römischen Provinz Dalmatia nieder. Von hier aus besiedelten die Kroaten die einstigen römischen Provinzen Pannonien, Illyrien und Histrien. Die dort angetroffene Bevölkerung bestand aus Illyrern, Romanen und Slawen (auf letztere ist die Umbenennung Pannoniens in Slawonien und Slowenien zurückzuführen). Die in Weiß-Kroatien zurückgebliebenen Kroaten* (Sarmaten) *haben sich dann im Laufe der Zeit mit den dortigen Slawen zu Tschechen, Polen und Slowaken assimiliert"* [65].

Auf die weitere frühe Geschichte Kroatiens muss hier nicht eingegangen werden. Einen besonderen Hinweis verdienen aber die Namen verschiedener kroatischer Fürsten v o r dem Jahr 1000,

---

[65] Internet, **Kroatisches Institut**, s. Anm. 62

1000, wie z. B. Tripimir, Brunimir, Mancimir, Krescimir. Sie erinnern sehr an die vielen Namen in der sogenannten „Fränkischen Königsliste", die ebenfalls mit der so bezeichnenden Silbe „-mir" enden; siehe dazu das Buch **„Die Geheimnisse der Merowinger"** in dem diese „Königsliste" eine wichtige Rolle spielt.

Schließlich aber kommt ein sehr wichtiges Indiz aus der Heraldik. Der heutige Staat Kroatien hat zu seinem Landeswappen eine „geschachte" Folge von roten und weißen Karos gewählt genau wie das alte Königreich, das dieses Zeichen auch nach seinem Aufgehen in der österreichisch-ungarischen Donau-Monarchie bewahrt hatte.

Der Zusammenhang des Wappens mit der „iranischen" Herkunft der einstigen Anführer der Kroaten ist in Kroatien durchaus bekannt. Eine kroatische Zeitung aus dem Jahr 1998 weist darauf hin: *„Es ist möglich, dass schon bei den alten Iranern* (oder richtiger Verwandten aus nordiranischer Kultur und Sprache, den Sarmaten) *kleine Wappen mit 25 Felder ... den Stamm oder Ursprung gekennzeichnet haben, als Hinweis auf Stammeszugehörigkeit, Stammbaum, Geburt oder Herkunft"* (also Adel !) [66]. Was den kroatischen Geschichtsforschern sicher unbekannt war, ist die Herkunft von den Mustern der Wollmäntel der sarmatischen Adligen: auf sie ist der Autor dieses Buches ja auch erst nach langen Forschungen und der Sammlung zahlreicher ganz verschiedener Indizien gekommen.

Nach den übereinstimmenden Erkenntnissen polnischer und kroatischer Frühgeschichtsforschern kamen die sarmatischen „Väter" beider Völker einst aus der gleichen Gegend, nämlich dem heutigen Galizien (siehe oben S. 89 f. und 93), bereits als Herren slawisch sprechender Bauern. Ihre rot-weiß karierten Farben zeigen, dass sie beide aus dem Stamm der Jazygen stammten,

---

[66]   Die Kenntnis dieses Zeitungsartikels verdankt der Autor dem Heimatforscher Martin **Alberts,** Eppstein.

von dem kleine Gruppen ja auch nach Westfalen und in den Hunsrück gezogen waren.

M ä h r e n ist heute nur der östliche Teil der tschechischen Republik; doch das slawische Volk der Mährer fühlte sich - und fühlt sich vielleicht sogar noch heute ? – als etwas anders als ihre tschechischen Nachbarn (man denke nur an Dvorcaks „mährische Tänze" !) Auch hier muss ein sehr früher Einfluss der sarmatischen Jazygen maßgebend gewesen sein, die bei den Slawen entlang des Flusses March (davon „Mähren") einst zu Herren wurden. Das Wappen der alten „Markgrafschaft Mähren" in der österreichisch-ungarischen Donaumonarchie war der habsburgische Reichsadler, belegt mit den rot-weißen Karos der Jazygen! Wieder sagt das alte Wappen viel aus, wenn man die Gründe kennt die zu diesen alten Zeichen führten.

Polen und Kroaten sind nicht die einzigen Völker in Osteuropa, bei denen ein sarmatischer Einfluss in ihrer Frühzeit zu erkennen ist.

Sehr wahrscheinlich ist, dass auch die **Tschechen** und die **Slowaken** in ihrer frühesten Zeit slawisch sprechende Menschen waren, die aber in dieser Umbruchzeit unter die Herrschaft sarmatischer Adliger gerieten. Denn genau in ihrem heutigen Heimatgebiet scheinen sich Teilungen von ganz frühen Völkern vollzogen zu haben, die aus der Überschichtung von Slawen durch sarmatische Anführer entstanden, die Teilung der Sorben von den Serben – so hießen die Völker später. Aber selbst ein Laie auf dem Gebiet der Sprachwissenschaft spürt, dass in diesen Namen sich eine Ur-Verwandtschaft andeutet.

Doch hat hier offenbar schon in frühen Zeiten eine sehr nationalistisch (im Sinne des „Slawentums) orientierte Geschichtsforschung sich Mühe gegeben, Anzeichen dafür bewusst zu vernachlässigen.

Ob die **S e r b e n** ein ganz anderes Volk als die Kroaten sind, ist wahrscheinlich erst in der Neuzeit streitig geworden, als die Wissenschaften unter den Einfluss des politischen Nationalismus gerieten. In den frühesten Anfängen dieses Volkes, wie sie oben für die Kroaten beschrieben wurden, scheint die Vermischung einer slawisch sprechenden Grundbevölkerung und einer sarmatischen Führungsschicht für alle Menschen gegolten zu haben, die sich aus dem heutigen Galizien nach Süden, in die Region zwischen Drau und Adria, in Bewegung setzten. Ihre noch heute gemeinsame Sprache heißt in der Sprachwissenschaft „serbokroatisch". Nur wird sie im einen Teil (Kroatien) mit lateinischen Buchstaben geschrieben, im anderen Teil mit kyrillischen.

Nur die viele Jahrhunderte dauernde Zugehörigkeit von Teilen dieses ursprünglich einmal einheitlichen Volkes zu ganz verschiedenen politischen, kulturellen und religiösen Herrschaften hat wohl die beiden heute (noch oder wieder) verfeindeten „Völker" der Kroaten und der Serben entstehen lassen. Die Kroaten gehörten traditionell zum lateinisch und katholisch bestimmten Westen, die Serben zum griechisch, orthodox und später islamisch-türkisch bestimmten Osten.

Daher werden heute wohl in Serbien von interessierter wissenschaftlicher und politischer Seite Forschungen nach einstigen sarmatischen Anführern eines ursprünglich gemeinsamen „Urvolks" der slawischen „Serbo-Kroaten" abgelehnt.

Andere, aber in der Folge ähnliche Vorbehalte behinderten lange die Forschung nach der Entstehung des **b u l g a r i s c h e n** Volkes. Unstreitig ist seit langem, dass hier im frühesten Mittelalter eine slawisch sprechende Grundbevölkerung von einer Herrschergruppe anderer sprachlicher und kultureller Herkunft in das Gebiet südlich der unteren Donau geführt worden war. Diese Herrscher, die „Bulgaren", hatten dem Volk den Namen, nicht aber ihre Sprache gegeben. Strittig war nur die ethnische und kulturelle Herkunft dieser Anführer.

Man wusste auch, dass die gleiche Führungsschicht der Bulgaren im Mittelalter an der südlichen Wolga ein Reich gegründet hatten, das Jahrhunderte lang dort eine wichtige Rolle spielte. Daher vermutete man frühe Verwandte der Türken oder der Mongolen als diese Anführer.

Doch in der Geschichtsforschung des modernen Bulgarien nach dem 2. Weltkrieg musste deren Anteil als möglichst gering und die Rolle der slawischen Grundbevölkerung als allein ausschlaggebend hingestellt werden. Das war eine indirekte Folge der kommunistischen Herrschaft in diesem Land zwischen 1945 und 1990. Denn die angeblich so „internationalistische" Ideologie des Kommunismus war auf dem Gebiet der Geschichtsforschung eindeutig vom russisch-slawischen Nationalismus beherrscht, auch in den slawisch-sprachigen Satellitenstaaten des von Moskau beherrschten Ostblocks.

Erst nach dem Zerfall dieses Blocks waren bulgarische Vorgeschichtsforscher in der Lage, ohne ideologische Fesseln die wahre Herkunft der einstigen bulgarischen Führungsschicht zu erkunden. Da erst zeigte sich, dass diese „Ur-Bulgaren" ein Volk gewesen sein dürften, das in Sprache und Kultur den iranischen S a r m a t e n eng verwandt war und ursprünglich aus den Bergen des Pamir in Innerasien stammte. Allerdings scheint es auf anderen Wegen als die Sarmaten auf die Balkanhalbinsel gekommen zu sein. Doch im Verhalten gegenüber den ihrer Herrschaft unterworfenen Menschen scheint sich die bulgarische Führungsschicht von der der Sarmaten nicht unterschieden zu haben.

In diesem Buch kann das nicht näher ausgeführt werden, es sei aber auf ein erst jüngst erschienenes Werk verwiesen, das in deutscher Sprache eindrucksvoll diese neuen bulgarischen Forschungen darstellt [67].

---

[67]   Hanswilhelm **Haefs,** *Das goldene Reich der Pamir-Bulgaren an Donau und Wardar,* Norderstedt 2009, ISBN 978-3-8334-22340-6

97

Der Einfluss sarmatischer Anführer auf größere Gruppen slawisch sprechender Bauern zeigte sich offenbar nicht nur bei Polen und (Serbo-)Kroaten, sondern auch bei Slawenstämmen, die im Zuge der „slawischen Völkerwanderung" ab dem 6. Jahrhundert von Osten und Südosten ins spätere D e u t s c h l a n d zogen. Allerdings – das muss hier nachdrücklich betont werden – gilt das nicht für a l l e diese slawischen Gruppen, die ja ebenfalls zu Vorfahren der heutigen Deutschen wurden.

Doch der wehrhafte slawische Stamm der O b o t r i t e n (auch Abotriten genannt) dürfte dazu gehört haben. Ab der Mitte des 6. Jahrhunderts scheint er entlang March und Elbe, dem alten Völkerweg, nach Deutschland eingedrungen zu sein und siedelte sich schließlich an der Ostsee an, an der Ostküste Schleswig-Holsteins und im Westen Mecklenburgs. Im Gegensatz zu anderen früheren slawischen Einwanderer-Gruppen nach Deutschland müssen diese Obotriten größere Rinder- und Pferdeherden besessen und berittene Anführer gehabt haben. Dieser Stamm lieferte sich später immer wieder Kämpfe mit den „deutschen" Königen und Kaisern, bis er schließlich im „Wendenkreuzzug" um 1147 n. Chr. sich der deutschen Herrschaft unterwarf. Das Geschlecht der späteren Herzöge und Großherzöge von Mecklenburg entstammt diesem slawischen und in seinem Adel wahrscheinlich von Sarmaten bestimmten Stamm [68].

Die gleiche Vermutung trifft auch auf den Stamm der S o r b e n zu, dessen Siedlungsgebiet das östliche Sachsen und das südöstliche Brandenburg ist. Diese Volksgruppe weist sogar die Besonderheit auf, dass sie bis heute als einzige in Deutschland ihre alte slawische Sprache bewahrt hat; inzwischen hat sie auch offiziell als Zweitsprache Anerkennung gefunden. Die ungewöhnliche Rolle von Pferden und Reitern in der uralten Brauchtumsüberlieferung dieser Gruppe verweist sehr auf Einflüsse

---

[68]   siehe dazu auch R. **Schmoeckel,** *Die Indoeuropäer,* S. 515 ff.

sarmatischer Reiterhirten bei der Entstehung vor fast anderthalb Jahrtausenden.

Nicht nur bei Slawen wurden sarmatische Adlige offenbar in der Umbruchszeit des Frühmittelalters zu Anführern, sondern auch bei Teilen der **B a l t e n** . Menschen dieser Gruppe aus einem besonderen Zweig der indoeuropäischen Sprachfamilie hatten schon lange an der Südostküste der Ostsee und von dort aus nach Osten in die Weiten Russlands hinein gelebt. Zahlreiche Pferdegräber – sarmatischer Herkunft ? – in Ostpreußen könnten darauf hindeuten, dass sich Adlige dieses Volkes auch mit den baltischen **P r u z z e n** mischten. Das würde auch die Tapferkeit und Kriegstüchtigkeit erklären, mit dem sich dieser Volksstamm noch 600 Jahre später gegen die Eroberung durch den Deutschen Orden wehrte [69]. Eine nähere wissenschaftliche Untersuchung dieser möglichen Zusammenhänge fehlt aber wohl noch.

Auch das Erscheinungsbild der frühen **L i t a u e r** , ebenfalls aus der baltischen Sprachgruppe, macht einen Einfluss von Sarmaten wahrscheinlich. Denn vom frühen bis zum hohen Mittelalter waren sie als wehrhaftes **R e i t e r** volk bekannt [70]. Auch hier müssten wohl noch genauere Studien über diesen möglichen Zusammenhang betrieben werden. Vielleicht sind sie allerdings schon vorhanden und nur wegen der Sprachbarrieren in anderen Teilen Europas nicht bekannt.

Einen wichtigen Hinweis gibt hier wieder die Heraldik. Das Wappen des heute wieder selbständigen Staates Litauen zeigt – offenbar als einziges **S t a a t s** wappen – ein weißes Ross mit einem Reiter darauf. Die Ähnlichkeit mit den deutschen **L a n - d e s** wappen von Niedersachsen und Westfalen, die ebenfalls ein stehendes weißes Ross zeigen, ist so auffallend, dass dies kein Zufall sein kann.

---

[69]   siehe dazu auch R. **Schmoeckel,** *Die Indoeuropäer,* S. 524 ff.
[70]   siehe auch hierzu R. **Schmoeckel,** *Die Indoeuropäer,* S. 539 ff. .

Interessanterweise scheint es beim dritten Volk mit baltischer Sprache, den **L e t t e n**, ke i n e n derartigen sarmatischen Einfluss gegeben zu haben. Jedenfalls verlief auch die spätere Geschichte der Letten völlig anders als die der Litauer.

Höchst merkwürdig nehmen sich die Funde vieler frühmittelalterlicher Pferdegräber in **D ä n e m a r k** aus [71]. Die Geschichte der Besiedlung Dänemarks im 5. bis 6. Jahrhundert ist noch keineswegs endgültig geklärt, übrigens so wenig die die Deutschlands zur gleichen Zeit ! Vielleicht findet sich ein kundiger Frühgeschichtsforscher im Norden, der die mannigfaltigen Indizien für einen Einfluss von Sarmaten auch auf die Entstehung der Wikinger-Kultur in Schweden, Norwegen und Dänemark näher untersucht. Sie reichen von der Religionswissenschaft über die Kulturgeschichte (germanischer Tierstil !) bis zur Humangenetik. Denn auch in Skandinavien scheinen keineswegs nur „waschechte" Germanen an der Wiege der Völker gestanden zu haben, die im frühen Mittelalter dort allmählich entstanden.

Noch merkwürdiger sind die Pferdegräber aus der gleichen Zeit in einem Teil **E n g l a n d s** . Sie sind in einer Zusammenstellung aus den sechziger Jahren des 20. Jahrhunderts enthalten [72]. Ob sie Zeichen für die lange zuvor nach Britannien gekommenen sarmatischen Soldaten sind (siehe oben S. 55), ob sie darauf hindeuten, dass Sarmaten zusammen mit den Sachsen später nochmals dorthin gewandert sind, oder ob die Funde ganz andere Ursachen haben, müsste von Fachgelehrten erst noch herausgefunden werden.

---

[71] sie sind dokumentiert von M. **Müller-Wille**. *Pferdegrab und Pferdeopfer im frühen Mittelalter, in: Jahrbuch des Rijksdienst voor Oudheidkundig Bodemonderzoek* 20/21 (Niederlande), 1970, S. 119 – 248., mit Karten
[72] ebenfalls bei **Müller-Wille**, a.a.O.

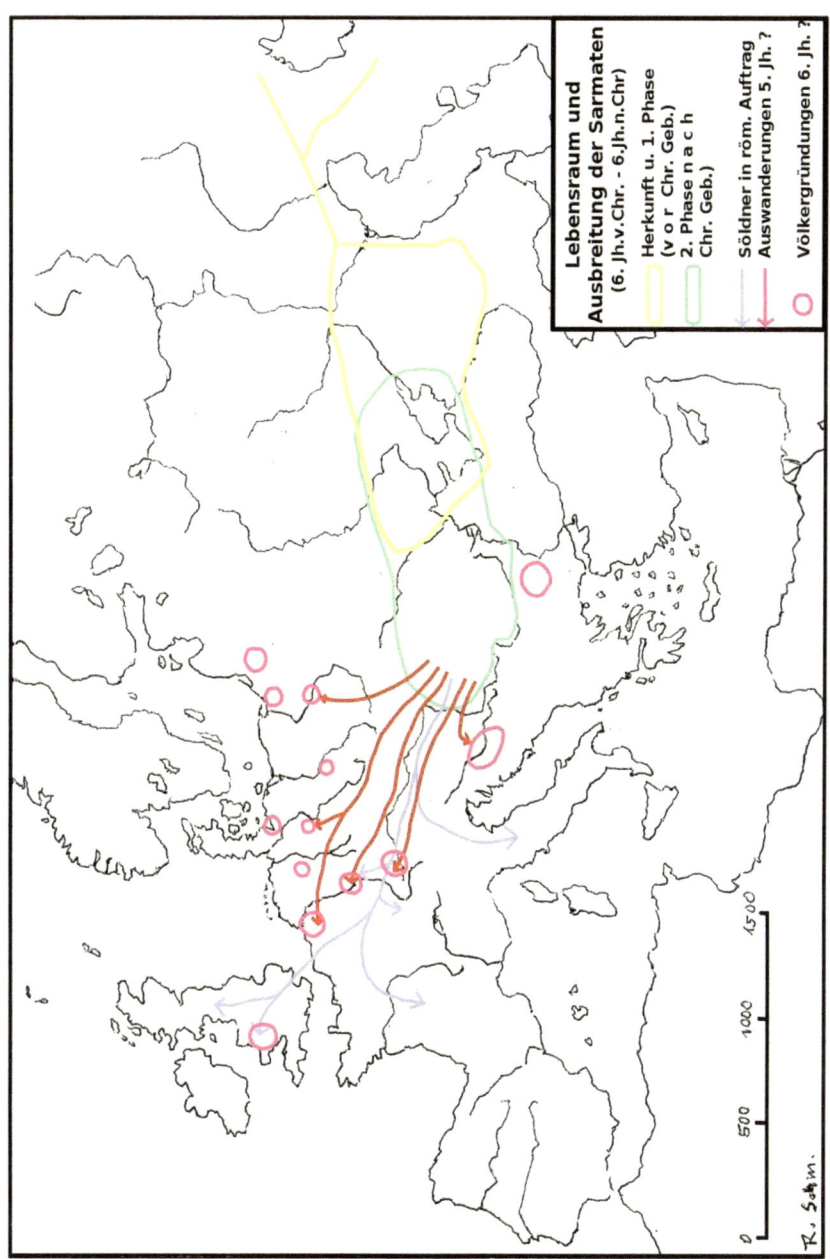

Lebensraum und
Ausbreitung der Sarmaten
(6. Jh.v.Chr. - 6.Jh.n.Chr)

Herkunft u. 1. Phase
(v o r Chr. Geb.)

2. Phase n a c h
Chr. Geb.)

Söldner in röm. Auftrag
Auswanderungen 5. Jh. ?

Völkergründungen 6. Jh. ?

R. Sohm.

101

IV.

Neue Einblicke in alte Zeiten

1. Ein aufschlussreicher Vergleich:

Römer, Germanen und Sarmaten als Herrscher

Die späte „Völkerwanderungszeit", das heißt das Jahrhundert n a c h der „Hunnenzeit", brachte in ganz Europa entscheidende Veränderungen für die Menschen mit sich. Im W e s t e n und S ü d e n des Kontinents brach die Römerherrschaft zusammen. Das Kaiserreich („Westrom") schleppte sich noch einige Jahrzehnte in zunehmender Agonie fort, bis es von den neuen Herren mit germanischen Sprachen beiseite gelegt wurde.

Zahlreiche moderne Historiker haben über die Gründe philosophiert, warum das weströmische Kaiserreich einging und von Königreichen germanischer Prägung abgelöst wurde. Doch wenn man genauer hinsieht, dann sind alle von germanischen Herren gegründeten Reiche recht bald wieder untergegangen, die Königreiche der Westgoten in Gallien und Spanien, der Burgunder in Gallien, der Ostgoten und Langobarden in Italien und der Vandalen in Afrika.

Was geblieben ist und dauernden Bestand hatte, war das Reich der Könige der Franken in der Mitte Europas - - aber diese Könige waren eben n i c h t germanischer Herkunft, sondern S a r m a t e n , wenigstens die, die dieses Reich begründeten, die M e r o w i n g e r . Das wird im **Band 6: Die Ahnen der Merowinger und ihr „fränkischer" König Chlodwig** ausführlich begründet.

Für den Gedankengang in diesem Kapitel müssen diese Merowinger mit zu den vielen Adligen aus sarmatischer Wurzel gezählt werden, die etwa zur gleichen Zeit oder kurz danach in der M i t t e und im O s t e n Europas die Zügel in die Hand nahmen, um die Geschicke von Menschen anderer Sprache und Kultur zu lenken. Die Fülle der Indizien, die bisher in diesem Buch beigebracht worden sind, spricht jedenfalls dafür.

Die Forschungen von Historikern aus vieler Herren Länder zu den Ursachen des Zerfalls des Römischen Reiches haben bei all ihren sicherlich zutreffenden Gründen einen offenbar übersehen: Das ist das Verhalten der Herrschenden, der „Oberschicht", zu den einfachen Menschen in ihrem Reich.

Es gab nämlich einen Grundfehler im römischen Kaiserreich, das war das W i r t s c h a f t s - und S o z i a l s y s t e m . Die lateinisch oder griechisch schreibenden Autoren aus der Spätantike gehen fast ausschließlich auf die Vorgänge unter Kaisern, Heerführern und anderen Kreisen aus den „oberen Zehntausend" ein, auch bei den Gegnern Roms.

Daher übersehen die modernen Historiker, die ihnen blindlings folgen, die Rücksichtslosigkeit, mit der die „unteren Schichten" im Römischen Reich sowohl vom Staat wie von der privaten reichen Herrenschicht (was mehr oder weniger identisch war) ausgebeutet wurden. Das römische Steuerrecht, wenigstens in der Spätzeit, war von geradezu empörender Ungerechtigkeit. Aber welcher solide Historiker, der sich sonst mit den Thronkämpfen römischer Kaiser beschäftigt, weiß schon etwas von diesem schwierigen Spezialgebiet !

Es war kein Wunder, dass die „Unterschichten", die „Proletarii", sich einem System zu entziehen suchten, das sie ständig ärmer machte, während die Reichen immer reicher wurden. Das galt nicht nur für Sklaven, die in den Jahrhunderten des Kaiserreichs zu Millionen eingefangen wurden, um ihre Arbeitskraft unentgeltlich auszunutzen, sondern das galt auch für weitere Millionen kleiner Bauern, „freier" Handwerker, und andere „kleine Leute". Die zahlreichen „Bagaudenaufstände" in Gallien, Italien und Hispanien – von römischen Geschichtsschreibern, wenn überhaupt, dann nur in lakonischer Kürze erwähnt – hatten hier ihren Ursprung. Sie haben wahrscheinlich das innenpolitische Klima mindestens der späten Kaiserzeit ebenso vergiftet wie die vielen Einfällen von Barbaren von außerhalb der Grenzen.

Der christliche Kirchenvater Salvian, der in der Mitte des 5. Jahrhunderts in Marseille lebte, schrieb über die einfachen Leute kurz nach der Etablierung eines westgotischen und eines burgundischen Königreichs in seiner Heimat Gallien: *„Bei den Barbaren* (gemeint: Goten, Burgunder) *hofften sie echte römische humanitas zu finden, da sie die barbarische inhumanitas, die bei den Römern herrscht, nicht länger ertragen wollten."* Doch welcher moderne Historiker hat schon begriffen, welcher Abgrund von Not und Leid für die einfachen Schichten hinter diesem Stoßseufzer eines christlichen Kirchenlehrers steckte ?

Das ist keine einseitige Geschichtsbetrachtung aus dem Blickwinkel des ideologischen Marxismus, sondern eine logische Folgerung, wenn man die Einzelheiten des römischen Steuer- und Wirtschaftssystems näher betrachtet. Die erst jüngst erschienene Monographie eines englischen Althistorikers und Archäologen zum Ende des Römischen Reiches [73] hat genau diesen Aspekt völlig übersehen.

In der Frühzeit der römischen Republik mag das anders gewesen sein. In der altrömischen Ständeordnung kannte man die „Optimaten", die auch als „Patrizier" oder Senatsadel bezeichnet wurden, und ihnen gegenüber das „römische Volk", die freien Bürger des Städtchens Rom, unter denen natürlich noch die völlig rechtlosen Sklaven standen, damals allerdings nur ganz wenige.

---

[73] Bryan **Ward-Perkins,** *Der Untergang des Römischen Reiches,* Stuttgart 2007, (engl. Erstfassung 2005).

In den Ständekämpfen zu Beginn der römischen Republik erkämpften sich die „freien Bürger" eine formale Gleichberechtigung mit den Patriziern, die ihren Ausdruck in der Formel „SPQR" = Senatus populusque Romanum – Senat und Volk von Rom" fand.

Doch diese streng getrennten Stände wurden verklammert durch eine Art urtümliches Gefolgschaftswesen, das die Römer wohl aus lange zurückliegenden Zeiten ererbt hatten. Ein jeder Angehöriger des Senatorenstandes, ein „Optimat"., hatte eine ganze Anzahl von Familien aus dem „Volk", den „Proleten", als Klienten, als Schutzbefohlene. Er hatte diesen Leuten gegenüber gewisse Rechte, aber auch Pflichten. So musste er sie in Rechtsstreitigkeiten vor Gericht vertreten, oder er musste für die Steuern aufkommen, die dieser Personenkreis dem Staat schuldete, wenn die Klienten selbst nicht zahlen konnten.

Diese uralte Form des Zusammenhalts scheint ein Erbe aus einer Gesellschaftsordnung zu sein, die bei den frühesten Sprechern indoeuropäischer Sprachen ein paar tausend Jahre vorher herrschte. Denn auch die Latiner, die „Väter" Roms, sprachen ja eine solche Sprache und hatten wohl noch Erinnerungen an diese uralte Kultur.

Allerdings geriet dieses Erbe während der Entwicklung Roms von einer kleinen mittelitalienischen Landstadt zum Weltreich in Vergessenheit. Am Ende des Kaiserreichs ging es der kleinen Schicht der Reichen nur noch darum, ihre Landpächter oder Fabrikarbeiter oder Bergleute nach Strich und Faden auszunutzen, und dem Staat ging es darum, eben diesen „kleinen Leuten" mit zum Teil grausamer Gewalt die Kopfsteuer abzupressen. Obwohl der Stand der Senatoren am Ende des Kaiserreichs praktisch so gut wie keinen p o l i t i s c h e n Einfluss hatte, war der wirtschaftliche Einfluss immer noch groß genug, um höhere finanzielle Lasten von sich ab und auf die „Proletarii" zu wälzen.

Die „kleinen Leute" in Gallien und Italien wurden hier bitter enttäuscht, falls diese sich vom Einfall der Barbaren, der Goten und Burgunder, ein menschlicheres Verhalten ihrer Obrigkeit erhofft hatten, wie Salvian schrieb. Denn die germanischen Königreiche der Völkerwanderungszeit ließen im Allgemeinen für die Einwohner der von ihnen beherrschten Teile des Römischen Reiches das hergebrachte römische Recht in Kraft, somit auch die geltende Steuer-, Wirtschafts- und Sozialordnung. Gerade für die Unterschichten änderte sich daher nichts.

Die Gründe für diese Entscheidung der germanischen Könige können hier nicht näher untersucht werden. Vielleicht resultierten sie aus der Erkenntnis, dass die germanischen Herren mit so komplizierten Dingen wie dem Umlauf gemünzten Geldes, der Erhebung von Steuern in Geld, den Rechtsverhältnissen zwischen den „Romani" und einem längst schriftlich fixierten Recht schlicht überfordert waren. Vielleicht hielt sich auch die kleine Minderheit germanischer Eroberer für viel bessere Menschen von höherem Rang als die „verkommenen Römer" und wollte mit deren Angelegenheiten so wenig wie möglich zu tun haben.

Die Könige Theoderich oder Alarich oder Gelimer und ihresgleichen haben nicht bedacht, dass sie damit die Ablehnung von weit über 90 Prozent ihrer römischen Untertanen in zweifacher Weise auf sich lenkten: einmal, weil sie als arianische Christen für die „rechtgläubigen" Katholiken in ihren Ländern und vor allem deren einflussreiche Bischöfe als „Ketzer" galten. Zweitens aber auch, weil die soziale und wirtschaftliche Bedrückung der Unterschichten sich mit den neuen Herren in keiner Weise änderte.

Bei den heftigen Kämpfen der Ostgoten oder der Vandalen gegen römische Heere aus Konstantinopel, die in der Mitte des 6. Jahrhunderts deren Königreichen ein Ende machten, hat mit Sicherheit kein ehemals „römischer" Kolon auch nur eine Hand gerührt, um den Heeren der germanischen Könige zu helfen, die immerhin jeweils fast ein Jahrhundert lang ihre Gebiete beherrscht hatten. Davon haben natürlich die Historiker Prokopios und andere nichts vermeldet, nicht nur, weil es Entsprechendes nicht zu berichten gab, sondern auch, weil das Verhalten von Bauern sie wie alle gebildeten Römer überhaupt nicht interessierte.

Wenn die am Schluss des vorigen Kapitels beschriebenen Behauptungen zutreffen, dann müssen um das Jahr 600 n. Chr. große Teile Europas – vom Atlantik bis ans Schwarze Meer – von Völkern bewohnt gewesen sein, deren Geschicke von fremden Herren, eben sarmatischen Adligen, bestimmt wurden. Für Leser, die auf Korrektheit Wert legen, sei betont, dass damit keineswegs gemeint ist, der g a n z e Erdteil sei von Sarmaten beherrscht worden; es gab gleichzeitig zahlreiche romanische, keltische, germanische, slawische und baltische Menschengruppen, die k e i n e sarmatische Führung hatten !

Einige Feststellungen scheinen für alle Stämme oder Gruppen mit Herren sarmatischer Herkunft zu gelten.

Bei keiner hat man Anzeichen für einen Kampf um die Erringung dieser Macht entdecken können. Auch spätere Aufstände einer unterdrückten Bevölkerung hat es offenbar nirgends gegeben, weder im „Frankenreich" in Gallien, noch irgendwo im Osten, etwa in Polen oder in Kroatien. Dafür spricht nicht nur das Fehlen aller schriftlichen Quellen dazu – doch das sagt ja nicht viel aus – , sondern auch das Fehlen archäologischer Zeugnisse für größere Kämpfe in dieser Periode.

Wenn der oströmische Kaiser Heraklius im Jahr 626 eine von S a r m a t e n beherrschte slawische Bevölkerung aus dem Gebiet nördlich der Karpaten ganz bewusst zu Hilfe gegen die ins Land eingefallenen A w a r e n rief (siehe S. 99), dann heißt das auch, dass die Ersteren einen positiven Ruf hatten, ganz im Gegensatz zu den (turk-mongolischen ?) Awaren. Diese Überlieferung ist möglicherweise das einzige s c h r i f t l i c h e Leumundszeugnis für ein frühmittelalterliches Volk mit sarmatischer (nach kroatischer Ausdrucksweise: „iranischer") Führung. Das ist ein Indiz von hoher Bedeutung.

Fest steht auch, dass keine der sarmatischen Adelsgruppen, die in dieser Zeit irgendwo die Herrschaft übernahmen, ihre S p r a c h e dem beherrschten Volk aufgezwungen hat. Im totalen Gegensatz dazu haben Römer und Griechen gerade das überall getan, wo es ihnen möglich war, in ihrer Einbildung, den „Barbaren" unbedingt ihre „Kultur" bringen zu müssen.

Allen Anzeichen zufolge haben die sarmatischen Herren ganz im Gegenteil überall sehr schnell die Sprache ihrer neuen Untertanen angenommen, die Merowinger in Gallien das Lateinische, die Könige sarmatischer Herkunft in Thüringen einen germanischen Dialekt, die sarmatischen Adligen in Polen oder Kroatien, oder die bulgarischen Herren in Bulgarien die slawische Sprache der Bauern.

Auch in r e l i g i ö s e r Hinsicht scheinen die sarmatischen Herren tolerant gewesen zu sein. Gerade dass nirgendwo Überreste ihres Glaubens oder ihrer religiösen Bräuche aufzufinden sind, spricht sehr dafür, dass sie nicht darauf bestanden, den ihrer politischen Gewalt Unterworfenen ihre Religion aufzuzwingen.

Die bisherigen Indizien bestätigen den Eindruck, den bereits die Schilderung der Menschen sarmatischer Abstammung in den ersten Kapiteln erweckt haben dürfte. Sie müssen sich in ihrem V e r h a l t e n ganz entscheidend von anderen Völkern aus Innerasien anderer ethnischer Herkunft unterschieden haben, den Hunnen, Awaren und Ungarn, aber auch von ihren „kultivierteren" indoeuropäischen „Vettern", den Griechen und Römern.

Die Teilung der Sarmaten in „Adel" und „Andere" hat zwar wohl zur Folge gehabt, dass es keine biologische Vermischung zwischen den beiden Kasten gab. Der Stand der Adligen konnte daher wahrscheinlich bestimmte Charaktereigenschaften, angeborene wie anerzogene, bewahren und auf lange Zeit, über viele Jahrhunderte, weitergeben. Und diese Eigenschaften waren vielfach positiver Art.

Denn die bei den Sarmaten religiös begründeten „Schwurgemeinschaften" zwischen „Oben" und „Unten" ließen bei den Adligen nicht das Gefühl der Überheblichkeit und der heimlichen Verachtung der „Unterschicht" wie bei den römischen „Optimaten" entstehen. Sarmatische Adlige, die „Schah", zeichneten sich offenbar ganz im Gegensatz dazu durch ein tief in ihr Wesen eingebranntes Verantwortungsgefühl aus, Verantwortung gegenüber den Menschen, die ihrer Führung anvertraut waren und mit denen sie in Schwurgemeinschaft standen. Kommt das alte (europäische) Sprichwort „Noblesse oblige – Adel verpflichtet" von diesem sarmatischen Adel ?

In den späten Zeiten des sarmatischen Volkes, die in diesem Buch vorrangig behandelt werden, dürften zu der „unteren Kaste" zahlreiche Menschen anderer ethnischer und sprachlicher Herkunft gehört haben, wie sie sich in Stämmen auf der Wanderschaft damals anzusammeln pflegten. Genauso waren, wie man inzwischen weiß, in dieser Zeit auch die von germanischen Königen angeführte Gefolgschaften sehr gemischt zusammengesetzt. Das „Heer der Goten" oder „der Burgunder" war dann der zusammenfassende Name. Wie die „untere Kaste" bei den Sarmaten hieß, ist nicht bekannt.

Eine Herrschaft über Menschen fremder Herkunft und fremder Sprache war den Angehörigen des sarmatischen Adels also nicht unbekannt, aber es war eine Herrschaft, die sich vermutlich in den meisten Fällen irgendwie von selbst ergeben hatte und nicht die Folge eines Strebens nach mehr Macht oder mehr Reichtum. Ausnahmen wird es – wie immer unter Menschen – auch bei den Sarmaten gegeben haben, aber eben doch wohl nur Ausnahmen.

Eine ökonomische Notwendigkeit zwang die sarmatischen Reiterhirten, in friedlicher Weise mit ortsansässigen Bauern zusammenzuarbeiten. Eine Rinder-, Schafs- oder Pferdeherde vermehrte sich, wenn die Tiere gute Weide fanden und keine Naturkatastrophen sie dezimierten. Es entstand ein Überschuss, den ein sarmatischer Draco nicht selbst benötigte, den er aber zum Tausch für Erzeugnisse von Bauern in der Nähe verwenden konnte. Diese Zusammenarbeit war für beide Seiten von Vorteil.

Logische Schlussfolgerungen aus der Lebensweise der Sarmaten ergeben, dass eine größere Menschengruppe dieses Volkes im Normalfall bestimmte Anforderungen an die Region stellen musste, in der sie ihre Tiere grasen ließ: Die Landschaft sollte eben bis hügelig, aber nicht gebirgig sein, es durfte in ihr keine riesigen Urwälder und Sümpfe geben, stattdessen möglichst viele ganzjährig grüne Wiesen, keine zu strengen Winter und keine zu heißen, trockenen Sommer. Außerdem war die Anwesenheit von wenigen Bauern nützlich oder notwendig, allerdings nicht einer zahlreichen und wehrhaften Bevölkerung, die sich ständige Kämpfe mit den Hirten liefern könnten, die mit ihren Herden in ihr Gebiet eingedrungen waren.

Betrachtet man die oben beschriebenen und auf der Karte S. 101 eingezeichneten Gebiete, in die Sarmaten im 5. und 6. Jahrhundert gezogen sein dürften, dann zeigt sich, dass sie wohl alle diesen Anforderungen Rechnung trugen, wenn man die natürlichen Zustände jener Zeit berücksichtigt. Auch das sind Indizien, die sich zwar nicht aus schriftlichen Quellen ergeben, wohl aber bei einem Blick auf einen guten Atlas.

In einer Zeit und bei Menschen ohne jeden „Staat", in einer einfachen Naturalwirtschaft und wenn die Menschen verschiedener Sprachen und Lebensweisen sich normalerweise friedlich vertrugen, wird es zunächst wenig Bedarf an „obrigkeitlicher Lenkung" gegeben haben. Aber vielleicht erforderten die alltäglichen Streitfälle zwischen Familien oder Nachbarn, wie sie in jeder größeren menschlichen Gemeinschaft vorkommen, doch einen unparteii-schen Richter. Diese Rolle werden dann wohl die Anführer der Sarmatengruppen eingenommen haben, ihr Status als Adlige prä-destinierte sie dazu.

Im Laufe der Zeit werden weitere Aufgaben hinzugekommen sein, vor allem dann, wenn die Symbiose zwischen Hirten und Bauern schon längere Zeit friedlich gewährt hatte und wenn Be-rührungen mit Nachbarn vielleicht nicht so ganz friedlich verlie-fen. Dann waren sicher die Bauern ganz froh, unter dem Schutz kräftiger Reiter zu stehen, die mit Waffen umgehen konnten und sich nichts gefallen ließen.

Vor allem, wenn Menschen und Herden u n d vielleicht auch die eigentlich ortsansässigen Bauern aus irgendwelchen Gründen veranlasst wurden, Äcker und Weiden zu verlassen und anders-wohin zu ziehen, seien es Wetterkatastrophen, Missernten oder fremde Feinde, dann bewährte sich die Erfahrung und die militä-rische Disziplin der sarmatischen Herren für solche Fälle. Eine solche Wanderung schweißte alle Menschen zusammen und ver-schaffte ihnen eine neue gemeinsame Identität, selbst wenn sich Teile davon zuvor noch fremd gewesen sein sollten. Nach der gleichen Erfahrung sind wohl auch die „Völker" der West- und der Ostgoten, der Vandalen oder der Langobarden erst während des Marsches zur Zeit der „Völkerwanderung" entstanden.

So etwa muss man sich wahrscheinlich die Genese der neuen Völker vorstellen, die sich damals im Frühmittelalter neu bilde-ten. Das mag ein Idealbild sein, das nicht immer zutraf. Aber völ-lig unzutreffend ist es sicher auch nicht. Dass so nicht nur die eben erwähnten „germanischen" Völker entstanden, sondern auch verschiedene andere mit germanischen, slawischen oder balti-schen Sprachen, unter der Anführung sarmatischer Adliger, das ist eine Erkenntnis, an die wir uns erst noch gewöhnen müssen.

2. Waren die frühen „deutschen" Kaisergeschlechter sarmatischer Herkunft ?

In der Geschichte des Mittelalters kennt man die Königs- und Kaisergeschlechter von den Karolingern bis zu den Habsburgern. Sie hatten nacheinander über die Geschicke der Menschen in der Mitte Europas zu bestimmen, dem Gebiet, das erst viel später den Namen Deutschland erhielt. Dabei lenkten die Vorstellungen jener Zeit über die Erbfolge unter Herrschern und manche Zufälle, unter anderem auch durch Ehen zwischen wichtigen Adelsgeschlechtern, die Thronfolge und auch die Ablösung des einen Herrschergeschlechtes durch das nächste. Das ist alles bekannt und kann von Historikern und Genealogen genau erklärt werden.

Doch wenn man den Lauf der Geschichte nicht ausschließlich „positivistisch" als Abfolge bestimmter zufälliger Ereignisse betrachtet, sondern es für möglich hält, dass unter der Decke der historisch nachweisbaren realen Vorgänge vielleicht auch unerkannt und sogar den damals Handelnden völlig unbewusst eine „verborgene Weisheit" Einfluss auf diesen Lauf der Geschichte hatte, dann eröffnet sich dem heutigen Betrachter ein ganz neues Bild: Auch dieses „Reich" in der Mitte Europas hatte - fast immer wenigstens - s a r m a t i s c h e Herrscher !

Das „fränkische Reich" ist ja von der Königsdynastie der Merowinger begründet worden. In diesem Wissen ist sich die europäische Geschichtsforschung einig.

Nur dass diese Könige der Merowinger s a r m a t i s c h e r Abstammung waren, das ist eine von den europäischen Historikern noch nicht akzeptierte Erkenntnis. Sie haben ja auch bisher von den vielen Argumenten und Indizien dafür nichts erfahren, die seit etwa 15 Jahren vom Autor dieses Buches in verschiedenen Veröffentlichungen – eine immer auf der vorigen aufbauend ! – vorgestellt worden sind. Denn so viele interessierte Leser diese

112

Bücher hatten, Historiker von Universitäten waren offenbar nicht darunter.

Den M e r o w i n g e r n folgte, wie bekannt, die Dynastie der K a r o l i n g e r, genauer gesagt, der „Pippiniden". Ihre Vertreter hatten sich zunächst die Macht im Frankenreich verschafft, indem sie es fertig brachten, sich zu den „Hausmeiern", d.h. den wahren Inhabern der Regierungsgewalt unter den zuletzt meist minderjährigen Königen aus dem Merowinger-Geschlecht, aufzuschwingen. Diese Karolinger waren – das steht auch für den Autor dieses Buches eindeutig fest - g e r m a n i s c h e r und nicht sarmatischer Abstammung.

Das schloss sicher nicht aus, dass zwischen Adligen der Pippiniden-Familie, den „wahren Machthabern", und der Königsdynastie „nützliche Ehen" geschlossen wurden. Den Angehörigen des sarmatischen Adels war, wie schon mehrfach erwähnt, die eheliche Verbindung mit einer Frau aus einer niederen Kaste durch ein religiös begründetes „Tabu" verboten. Heiraten mit Frauen aus dem A d e l s stand anderer Völker waren aber keineswegs verboten und wurden auch immer wieder geschlossen.

Aus politischen Gründen waren den Karolingern solche Verbindungen mit dem Königshaus der Merowinger später peinlich – die karolinigische „Propaganda" hatte die Vorgänger-Familie ja als „rois fainéant" („Nichtstuer-Könige") hingestellt – und mussten verschwiegen werden. Dennoch dürfte es mehrere solcher Ehen gegeben haben.

Wie bekannt, regierten Nachkommen des fränkischen Königs und „Kaisers des heiligen römischen Reiches" Karl (dem Großen) noch für etwa ein Jahrhundert das riesige Reich, das vor allem eben Karl in der Mitte Europas etabliert hatte.

Doch als auch diese Familien-Dynastie allmählich ausstarb, übernahm für kurze Zeit ein Angehöriger einer Adelsfamilie die Herrschaft über das „Ostfranken-Reich", das sich inzwischen vom „Westfränkischen Reich" in damaligen Gallien (dem heutigen Frankreich) getrennt und als eigenes Herrschaftsgebiet etabliert hatte. Es war der König Konrad, der zuvor Herzog von Franken gewesen war.

Die politischen Umstände, die dazu führten, spielen hier keine Rolle; der Autor hat sie in einem anderen Buch ausführlich geschildert [74]. Aber zu denken gibt die örtliche Herkunft dieses hohen Adligen. Seine Familie, die K o n r a d i n e r, stammte nämlich ursprünglich aus dem Nahegau l i n k s des Rheins, aus einer Gegend, die 400 Jahre vorher ziemlich dicht von s a r m a - t i s c h e n Einwanderern besetzt worden war. Die zahlreichen Pferdegräber gerade dort belegen das eindeutig (siehe die Karte auf S. 76/77).

Viel spricht daher dafür, dass die Familie der „Konradiner" aus dem einstigen s a r m a t i s c h e n Adel stammte. Es ist ziemlich unwahrscheinlich, dass die Vorbewohner der Gegend zur Zeit der Völkerwanderung und damit der Einwanderung von Sarmaten (um 407 n. Chr.) mächtige Häuptlingsgeschlechter hatten; das Land stand ja offiziell unter römischer Oberhoheit. Noch unwahrscheinlicher ist es, dass diese Vorbevölkerung Germanen waren.

Wenn die Familie der „Herzöge von Franken" sarmatische Vorfahren hatten, war dies 400 Jahre später den Angehörigen dieser Sippe und ihren Zeitgenossen sicher nicht mehr bewusst, wenigstens nicht, was die e t h n i s c h e Abstammung anging. Wohl aber wird der hohe Adelsrang der Familie stets eine Rolle gespielt haben.

Die Geschichtswissenschaft weiß wiederum, dass der ostfränkische König Konrad kurz vor seinem Tod Krone und Reichs-

---

[74] Reinhard **Schmoeckel**, Bevor es Deutschland gab – Expedition in unsere Frühgeschichte von den Römern bis zu den Sachsenkaisern, Bergisch Gladbach 2000, S. 731 ff.

schwert dem sächsischen Herzog Heinrich übergeben ließ. Der Reichstag von Fritzlar im Jahr 919 bestätigte durch Wahl des S a c h s e n diese Amtsübergabe. Danach behielt die Familie der „Sachsenkaiser" für fast ein Jahrhundert die Regierung des Ostfrankenreiches in ihrer Hand. Otto I. aus dieser Familie brachte auch wieder den altehrwürdigen Kaisertitel an sich.

So ungewohnt es für deutsche und europäische Historiker klingt, gerade für den Adel der Sachsen lässt sich die s a r m a - t i s c h e Herkunft mit so vielen überzeugenden Indizien nachweisen, dass daran eigentlich nicht mehr zu zweifeln ist. Im Band 3 dieser Reihe „**Widukinds Geheimnis**" sind diese Belege ausführlich dargestellt. Das heißt, auch die „Sachsenkaiser" hatten sarmatische Vorfahren. Wiederum dürfte diese v ö l k i s c h e Herkunft in dieser Adelsfamilie nicht mehr bewusst gewesen sein, doch die charakterliche Prägung hatte auch bei ihnen noch viel von den Verpflichtungen der einstigen sarmatischen Adelskaste bewahrt.

Nachfolger der Sachsenkaiser waren, wie bekannt, einige Kaiser aus der Familie der „ S a l i e r " (1024 – 1125). Deren Vorfahren stammten als damalige Grafen aus dem linksrheinischen „Nahe-, Speyer- und Wormsgau". Wie bei den Konradinern anderthalb Jahrhunderte zuvor deutet die räumliche Herkunft sehr stark auf s a r m a t i s c h e Urahnen dieser Kaiserfamilie. Auch wenn die Genealogie der ganz frühen Salier – bevor ein Herr daraus Kaiser wurde – im Ungewissen verschwimmt, ist zu vermuten, dass ein adliger Urahn bereits um das Jahr 407 sich dort angesiedelt hat. Er war dann wohl zusammen mit seinen Standesgenossen aus dem Sarmatenstamm der Jazygen vorher in Pannonien (Ungarn) ansässig gewesen.

Die Adelsfamilie, die den „salischen Kaisern" folgte, waren die S t a u f e r ; sie herrschten von der Mitte des 12. bis zur Mitte des 13. Jahrhunderts über das „heilige Römische Reich". Diese Dynastie stammte aus einer anderen Gegend Deutschlands, nämlich aus Schwaben. Der spätere Stammsitz dieser Familie, die Burg Hohenstaufen, liegt nur 10 Kilometer von dem schwäbischen Ort Donzdorf entfernt, wo man ein ganz „typisch sarmatisches" Pferdegrab gefunden hat. Rund herum, alle nur in wenigen Kilometern Abstand, liegen das Kloster Lorch, Ort der „Grablege" für die Staufer-Dynastie, und das Dorf Wäschenbeuren, woher der in der ältesten Schriftquelle im Jahr 1094 genannte Vorfahr der Staufer, ein gewisser Adliger Friedrich, stammen soll.

Weniger als 30 Kilometer weiter westlich findet sich der heutige Stuttgarter Stadtteil Unter-Türkheim. Und dieser Name führt zu dem vermuteten Stamm der S a r m a t e n, der wohl „Turki" oder „Turkerer" hieß. Dessen Reste waren offenbar auf Geheiß des letzte „Verwalters" des Weströmischen Reiches, des Germanen Odoaker, dort angesiedelt worden (siehe oben S. 83 – 86).

Viele Argumente, die für eine Abstammung des Adelsgeschlechts der Staufer von diesen sarmatischen Einwanderern sprechen, sind in einem anderen Buch des Autors genauer dargelegt worden [75]. Auch der Band **5** dieser Reihe, „ **Die Schwaben"**, geht sehr ausführlich darauf ein.

Die Familie der Staufer führte ein Familienwappen, das in seiner Urform offenbar einfach war. Es war nach heraldischer Ausdrucksweise in Schwarz und Gelb (Gold) geteilt. Erst später, im Hochmittelalter, kam dann als Herrschaftszeichen der gelbe Löwe im schwarzen Feld hinzu. Wieder führen hier die aus allen möglichen Indizien anderer Art gewonnenen Erkenntnisse in der Sarmaten-Forschung zu der Annahme, dass einst ein in Schwarz und Gelb geteilter Wollmantel das g e m e i n s a m e Abzeichen der Adligen aus dem Stamm der Turki gewesen sein muss.

---

[75] Reinhard **Schmoeckel**, Deutschlands unbekannte Jahrhunderte- Geheimnisse aus dem Frühmittelalter, Beltheim-Schnellbach 2013, Kapitel 11 (S. 147-164).

Denn auch zwei andere uralte und in der deutschen Geschichte außerordentlich wichtige Adelsgeschlechter führten einst als „Familienwappen" Schilde mit den gleichen Farben Schwarz und Gelb (Gold). Das sind die Habsburger und die Wettiner. Die vom Autor vermutete Herkunft der Habsburger aus S c h w a b e n wird gleich anschließend etwas näher begründet.

Die gleiche Ursprungsgegend der W e t t i n e r kann hier nur kurz behandelt werden, da diese Familie zwar für Jahrhunderte als spätere sächsische Kurfürsten und Könige von hoher historischer Bedeutung war, aber nicht die Kaiserwürde errang. Ihr ältester ermittelter Stammvater Dedo soll im 9. Jahrhundert aus Südwestdeutschland vom damaligen fränkischen König als Graf (oder Edelherr ?) in die dann „Schwabengau" genannte Gegend südwestlich des Harzes geschickt worden sein. Und sein Geschlecht führte ebenfalls die so bezeichnenden Farben Schwarz und Gelb als Familienwappen, allerdings nicht senkrecht geteilt, sondern in mehreren abwechselnden waagerechten Streifen.

Zahlreiche Genealogen haben sich schon bemüht, die frühesten Vertreter des Adelsgeschlechts der H a b s b u r g e r ausfindig zu machen. Zum Teil führten diese Forschungen zu reichlich unglaubwürdigen Ergebnissen. Nach den einigermaßen gesicherten Erkenntnissen hatte ein Ahnherr dieser Dynastie um das Jahr 990 Grundbesitz im Elsass, später kam Grundbesitz in der heutigen Schweiz hinzu, und dort, in der Nordschweiz, ließ sich dann ein Graf aus dieser Familie die „Habichtsburg" bauen, um das Jahr 1020. Davon kam der Name „Habsburg" für die Familie. Diese Erkenntnisse scheinen historisch gesichert zu sein.

Wieder fordert aber eine erstaunliche Tatsache zu weiterem Nachdenken auf. Die Habsburger führen nämlich als F a m i - l i e n wappen bis heute ebenfalls die Farben Schwarz und Gelb (Gold). Die Heraldiker, die ja wie die Historiker sich ausschließlich auf schriftliche Quellen verlassen, erklären das so: diese Farben seien die Farben des Kaisers des „heiligen Römischen

Reichs" gewesen, und diese Würde hatten ja unstrittig sowohl die Staufer wie auch die Habsburger lange inne. Doch genau hierzu gibt es keine schriftlichen Quellen.

Wohl aber gab es im Jahr 2011 Fernsehbilder von der Beisetzung des letzten bekannten Habsburgers, Otto von Habsburg, des Sohnes des letzten österreichischen Kaisers und prominenten Vertreters der Idee eines geeinten Europa. Da wurde der Sarg dieses Adligen durch Wien gefahren, bedeckt mit einer schwarz und gelb geteilten Fahne – eindeutig die Farben der F a m i l i e und nicht eines Kaisers oder Erzherzogs von Österreich.

Wenn die in diesem Buch zusammen getragenen Argumente überzeugend sind, dann müsste nur noch plausibel erklärt werden, wie ein Adliger aus Schwaben aus dem einstigen S a r m a t e n - stamm der Turki schon früh zu Grundbesitz im Elsass gekommen sein konnte, um die zeitliche Lücke von gut 400 Jahren zu füllen, und immerhin gut 200 Kilometer von der „Heimat" entfernt.

Das dürfte mit den politischen Vorgängen bereits im 6. Jahrhundert im damaligen Frankenreich zusammen gehangen haben. Man weiß nur sehr wenig darüber, aber die Könige der damaligen Teilreiche des Fränkischen Reiches, die von Neustrien, Austrasien und Burgund, allesamt Brüder oder wenigstens Onkel und Neffe aus der gleichen Merowinger-Dynastie, waren damals erbitterte Konkurrenten beim inneren und äußeren Ausbau ihrer „Reiche".

Warum aber soll nicht ein „schwäbischer" Adliger aus dem ursprünglich sarmatischen Teilstamm der Turki (also mit dem für alle Adligen dieses Stammes geltenden schwarz-gelb geteilten Adelsmantel) bereits um das Jahr 570 dem Frankenkönig Sigibert von Austrien einen Treueid geleistet haben?

Dann konnte der König diesen Gefolgsmann mit d e s s e n Gefolge an Kriegern und Familien sehr leicht in sein „Reich" versetzen, nämlich ins südliche Elsass, in den Sundgau. Wahr-

118

scheinlich war gerade diese Gegend zwischen den beiden Königsbrüdern (Burgund und Austrien) strittig, und Sigibert brauchte einen zuverlässigen Gefolgsmann genau in dieser Region. Diese Erklärung ist natürlich nur eine Spekulation, weil sie sich nicht auf irgendwelche schriftlichen Quellen stützen kann. Aber sie würde genau zu der vermuteten historischen Situation passen [76]

Das Herrscherhaus der Habsburger hat bekanntlich vom 14. Jahrhundert bis zum Ende des „Heiligen Römischen Reiches deutscher Nation" im Jahr 1806 die Kaiser dieses Reiches gestellt. Danach waren ihre Oberhäupter „nur" noch Kaiser von Österreich.

Aber auch die Familie, die nach ihnen den Titel „deutsche Kaiser" annehmen konnte, hat nach der Überzeugung des Autors dieses Buches s a r m a t i s c h e Wurzeln. Das sind die H o - h e n z o l l e r n . Es ist unstreitig, dass die Wurzeln dieser Familie in S c h w a b e n zu finden sind, auf der Burg Hohenzollern bei Hechingen. Wieder findet die Genealogie keine früheren schriftlichen Quellen zu dieser Familie als aus dem Jahr 1125. Von da ab können Historiker die Entwicklung dieser Dynastie ziemlich genau nachzeichnen.

Das F a m i l i e n wappen der Hohenzollern zeigt zwei weiße und zwei schwarze Quadrate in „geschachter" Form. Das erinnert sehr an die anderen „geschachten" Wappen, die sich bei Berücksichtigung der vielfältigen Indizien als vermutliche Andenken an die s a r m a t i s c h e Herkunft vieler Adelsfamilien herausgestellt haben. Hat vielleicht ein T e i l stamm der sarmatischen Turki, dessen Adlige schwarz-weiß karierte Mäntel trugen, damals um das Jahr 475 ebenfalls den Weg ins heutige „Schwaben" gefunden ?

---

[76] Reinhard Schmoeckel, Deutschlands unbekannte Jahrhunderte (s. Anm. 76), Kap. 33, S. 426 – 428.

Die Hohenzollern haben nach einem „Umweg" über viele Jahrhunderte ebenfalls dem modernen „Deutschen Reich" in drei Generationen noch einmal Kaiser gestellt, wie man weiß.

Die Kaisergeschlechter der Habsburger und der Hohenzollern blühen heute noch, wenn ihre Oberhäupter auch nur noch „normale Bürger" sind. Aber etwas zeichnet beide Häuser aus, was sie von allen „bürgerlichen" Familien unterscheidet. Selbst Familien des europäischen Hochadels, auch die heute noch existierenden Königsfamilien in Europa bestehen nicht mehr mit solcher Entschiedenheit auf dem Gebot der „Ebenbürtigkeit" einer Ehe, wenigstens mit dem „Oberhaupt" der Familie und theoretischem Thronaspiranten. Die Ehefrau dieses „Familienchefs" muss aus einem „ehemals regierenden" Haus kommen, wenigstens bei den Habsburgern und den Hohenzollern. Dazu zählen inzwischen allerdings auch schon ehemalige reichsgräfliche Familien.

Hat sich hier unbewusst das alte sarmatische „Tabu" gegen die Vermischung mit einer „unteren Kaste" bis in die heutige Zeit erhalten ?

Diese Darstellung, dass gerade die Kaiserhäuser des altehrwürdigen „Heiligen Römischen Reiches deutscher Nation", ja selbst des „Deutschen Reiches" ursprünglich einmal aus sarmatischen Adelsfamilien stammten, hat vermutlich die meisten Leser überrascht, ja geschockt.

Doch ist der Schock wirklich nötig ? Liegt der Schock nicht vor allem daran, dass man über diese Sarmaten nichts weiß ? Wer dieses Buch aufmerksam durchgelesen hat, hat Vieles über dieses so zu Unrecht vergessene Volk gelernt. Und es war eigentlich nichts Negatives – ganz im Gegensatz zu den innerasiatischen Hunnen, die etwa zeitgleich mit den Sarmaten in Europa auftauchten.

.